Los yoga sutra
de Patáñjali

PAIDÓS ORIENTALIA

Últimos títulos publicados

M. Eliade, *Aspectos del mito*
A. Faivre y J. Needleman (comps.), *Espiritualidad de los movimientos esotéricos modernos*
J. Godwin, *Armonías del cielo y de la tierra*
G. Scholem, *Los orígenes de la Cábala, vol. I*
G. Scholem, *Los orígenes de la Cábala, vol. II*
D. T. Suzuki, *El Buda de la luz infinita*
R. Guénon, *La crisis del mundo moderno*
R. Guénon, *Autoridad espiritual y poder temporal*
E. Zolla, *Verdades secretas expuestas a la evidencia*
Confucio, *Los cuatro libros*
R. Guénon, *El rey del mundo*
Dôgen, *Cuerpo y espíritu*
E. Zolla, *Qué es la tradición*
K. Schipper, *El cuerpo taoísta*
E. Zolla, *Una introducción a la alquimia*
R. Guénon, *La gran tríada*
Dalai Lama, *Introducción al budismo tibetano*
R. Guénon, *El esoterismo de Dante*
Ch. Desroches y D. Elouard, *Símbolos de Egipto*
T. Burckhardt, *Introducción al sufismo*
I. Shah, *Aprender a saber*
J. Alemany Bolufer (ed. a cargo de), *Panchatantra*
I. I. Fdida, *Cuentos de los sabios judíos, cristianos y musulmanes*
M. Quentric-Séguy, *Cuentos de los sabios de la India*
P. Fauliot, *Cuentos de los sabios taoístas*
Th. Laird, *La historia del Tíbet*
P. Mandala, *Los orígenes de la sabiduría*
G. Flood, *EL cuerpo tántrico*
J. Mascaró (comp.), *Lámparas de fuego*
M. Eliade y J. M. Kitagawa (comps.), *Metodología de la historia de las religiones*
M. Eliade, *Historia de las creencias y las ideas religiosas, I*
M. Eliade, *Historia de las creencias y las ideas religiosas, II*
M. Eliade, *Historia de las creencias y las ideas religiosas, III*
Idries Shah, *Las hazañas del incomparable Mulá Nasrudín*
Rumi, *150 cuentos sufíes*
R. Wilhelm (ed.), *Cuentos chinos*
P. Fauliot, *Cuentos de los sabios taoístas*
G. Tucci, *Las religiones del Tíbet*
A. K. Coomaraswamy, *Hinduismo y budismo*
I. Shah, *Las ocurrencias del increíble Mulá Nasrudín*
R. Guénon, *El esoterismo de Dante*
C. Hartranft, *Los yoga sutra de Patáñjali*

Chip Hartranft

Los yoga sutra de Patáñjali

La versión definitiva del libro del maestro

Chip Hartranft

PAIDÓS
Barcelona
Buenos Aires
México

Título original: *The Yoga Sutra of Patañjali*, de Chip Hartranft
Publicado en inglés por Shambhala Publications Inc.
Publicado por acuerdo con Shambhala Publications Inc.

Traducción de Núria Martí

Cubierta de Judit G. Barcina

1ª edición en Ediciones Oniro, 2005
1ª edición en esta presentación, junio 2013

Espasa Libros, S. L. U.,
Avda. Diagonal, 662-664. 08034 Barcelona, España
Paidós es un sello editorial de Espasa Libros, S. L. U.
www.paidos.com
www.espacioculturalyacademico.com
www.planetadelibros.com

ISBN: 978-84-493-2913-5
Depósito legal: B-11.130-2013

Impreso en Book Print
Botànica, 176-178 – 08908 L'Hospitalet de Llobregat (Barcelona)

El papel utilizado para la impresión de este libro es cien por cien libre de cloro y está calificado como papel ecológico

Impreso en España – *Printed in Spain*

Dedicado a Patáñjali y a Siddharta Gautama,
los «médicos espirituales» de la humanidad,
y a Didi, el mío personal.

Índice

Introducción

Los *Yoga sutra* de Patáñjali es uno de los documentos espirituales más iluminadores de todos los tiempos. Esta colección de 196 observaciones condensadas sobre la naturaleza de la mente y la liberación, de cerca de dos mil años de antigüedad, sigue siendo una obra insuperable por su penetrante visión. Los *Yoga sutra,* aunque sean breves, van directos al corazón del dilema humano. Patáñjali analiza de una forma increíblemente directa cómo conocemos aquello que conocemos y por qué sufrimos. Después nos ofrece un programa meditativo por medio del cual cada uno de nosotros podemos alcanzar los principales objetivos de la mente: ver las cosas tal como son y liberarnos del sufrimiento. Los *Yoga sutra,* que tejen con los hilos del antiguo conocimiento yóguico un detallado mapa del potencial humano, constituyen un testimonio de la heroica conciencia personal, definiendo el yoga de una forma que siempre es actual.

Incluso hoy día, después de haber transcurrido dos milenios, podemos estar seguros de que la búsqueda interior de Patáñjali nació del profundo y arraigado deseo de desvelarnos los misterios de la vida, la mente y la mortalidad para que pudiésemos encontrar la felicidad y el significado de la existencia humana. Esta clase de deseo ha sido universal, desde la prehistoria, entre los seres humanos de todas las culturas y en la actualidad yace en nosotros más fuerte que nunca. En realidad, tanto en Oriente como en Occidente el yoga goza hoy día de una popularidad sin precedentes que no cesa de crecer. Del mismo modo que el pensamiento y la tecnología occidentales han cruzado las fronteras geográficas y han encontrado un hogar en India, el pensamiento indio hace ya mucho tiempo que emigró a través del sudeste de Asia, China y Japón, enriqueciendo profundamente las culturas de cada región, y no ha cesado de difundirse por todo el planeta. En la actualidad los principales temas del pensamiento indio, sobre todo los relacionados con la mente, siguen penetrando tanto en los mundos asiáticos como occidentales del arte, la filosofía y la espiritualidad, y constituyen el contrapeso ideal que las ortodoxias occidentales tanto necesitaban. Estos patrones de fecundación cruzada reflejan una universalidad que etiquetas tales como «indio» y «occidental» oscurecen.

Sin embargo, los yoguis de una época temprana, como Patáñjali, que alcanzaron la realización en la quietud meditativa, no reconocerían la mayoría del yoga que se practica más extensamente en la actualidad. Si Patáñjali hubiera vivido siete siglos más tarde, en el siglo x en lugar de haberlo hecho en el III, su sistema posiblemente habría incorporado los movimientos del yoga que más se practica hoy día, el hatha yoga, desarrollado en parte para controlar el cuerpo-mente y concentrar sus energías en la meditación. En la época de Patáñjali, sin embargo, las posturas de yoga, o *asana,* no eran un sistema de ejercicios, sino que sólo consistían en sentarse con la mayor estabilidad y el menor esfuerzo posible. Este yoga contemplativo más antiguo se acabó conociendo como *raja yoga* —la vía «real» o «regia»— y es distinto del hatha yoga posterior. También suele llamarse yoga clásico por la misma razón. El yoga de Patáñjali es un proceso de aquietamiento e interiorización en el que se lleva una absoluta calma física y mental a cada aspecto del ser y de la experiencia humana. Para él el *asana* no era más que el aspecto físico de este proceso.

En realidad, cuando Patáñjali utiliza la palabra *yoga* se está refiriendo a la «unción». *Juy,* su raíz, es un componente directo de la palabra moderna *yugo*. La práctica de yoga se concibió para controlar la tendencia de la mente a dejarse atraer por las cosas externas, identificarse con ellas e intentar buscar la felicidad en el mundo exterior. La constante práctica de la «unción» enseña a la mente a dirigir la atención al interior y a realizar la verdadera naturaleza de la pura conciencia subyacente en ella. Sólo entonces, nos asegura Patáñjali, podemos comprender por qué estamos vivos y sufrimos, y cómo podemos ser felices y sabios.

La experiencia de la realización no nos es totalmente desconocida. La mayoría de nosotros hemos tenido algún ramalazo de iluminación en un momento u otro, normalmente cuando nos encontrábamos absortos en algún acontecimiento. En esa clase de profundos momentos —una puesta de sol, un nacimiento, un casamiento o una muerte— el tiempo parece detenerse y la conciencia se vuelve espaciosa e inclusiva. Durante un instante que parece eterno tenemos la sensación de estar percibiendo directamente la naturaleza de las cosas.

Por desgracia, esta clase de percepciones llegan de forma inesperada, por más que uno las desee no puede provocarlas a su antojo, y desaparecen rápidamente. Sin embargo, uno de los descubrimientos más profundos y sabios de la tradición yóguica es haber reconocido que los seres humanos tenemos la capacidad innata de percibir la naturaleza de las cosas. La práctica de la unción del yoga surge a medida que intentamos actualizar activamente esta facultad. Mientras que la realización siempre tiene una cualidad espontánea que no puede manipularse, la práctica sistemática de aquietar el cuerpo y la mente a través del yoga hace en cambio que tengamos muchas más posibilidades de entrar —y al final de descansar— en esa clase de profundo y absorto conocer.

La *prákriti* y el *púrusa*

Desde el punto de vista de Patáñjali, la mayoría de acciones físicas y mentales surgen de la fundamental percepción errónea de la realidad y, por tanto, conllevan sufrimiento. Todo cuanto existe en la creación, explica Patáñjali, es distinto de la pura conciencia, entre lo que se incluye no sólo el cuerpo y los órganos de los sentidos, sino también la mente y sus contenidos, como las sensaciones, los pensamientos, las emociones y la memoria. Todo cuanto consideramos parte *mía* —lo físico, lo emocional, lo conceptual, lo espiritual, lo interno y lo externo— forma parte de la naturaleza, o *prákriti*. Según está visión, toda la sustancia de la que *uno* está formado, incluso la parte más íntima, es material, impermanente y está sujeta a la causa y al efecto. Una parte de esta sustancia es sutil, como por ejemplo, el reconocimiento de un sabor conocido como el de una manzana. Y otra parte es burda, como los dientes con los que la masticamos. Pero todo aquello de lo que estamos formados es la *prákriti*.

En cambio, la pura conciencia no es ninguna clase de sustancia y no está, por tanto, sujeta a la causa ni al efecto. Nunca fue creada y nunca se extinguirá, existe más allá del tiempo. Incluso al llamarla «eso» o afirmar «que existe» le estamos otorgando una sustancialidad que no posee. Al ser inmaterial, carece de localización, movimiento o de cualquier otra propiedad natural; lo único que tiene en común con la mente o el pensamiento es el papel de espectadora. Es intangible, impersonal e inconcebible en el verdadero sentido de la expresión.

Según el punto de vista de Patáñjali, la pura conciencia, o *púrusa*, es aquello que contempla la manifestación de la creación, sobre todo en una pantalla llamada mente. La pantalla de la mente es la base de la experiencia humana, una parte del mundo fenoménico que representa, y en circunstancias normales se siente en realidad como el «ojo» subjetivo que lo está observando todo. Sin embargo, según el punto de vista de Patáñjali, ningún aspecto de la creación, incluyendo la mente, puede percibirse a sí mismo, porque es una sustancia material. De la misma manera que un televisor no puede ver sus propios programas, la mente necesita una conciencia testigo. En realidad, al igual que el televisor no existe para sí mismo sino para el espectador, la mente está a disposición de la pura conciencia.

Sin embargo, según los *Yoga sutra*, en circunstancias normales la pura conciencia carece del sentido del yo. Al ser inmaterial, impasible y no conceptual, está totalmente sumergida debajo de las olas de la mente. La mente, como el resto de la sustancia de la naturaleza, está envuelta en el continuo proceso de la creación, moviéndose de una forma a otra, de una secuencia de pensamientos a otra. Este incesante movimiento de la mente distorsiona la verdadera relación que mantiene con la pura conciencia. Aunque ésta sea inmutable, al carecer de sustancia o de movimiento la mente no pueda verla. Después de todo, los contenidos de la mente —las percepciones, los pensamientos, la memoria— están hechos de una determinada sustancia y surgen de las transformaciones materiales. La mente, a causa de estos atributos, es un instrumento poco dotado para detectar la pura conciencia que la contempla. Es decir, la mente sólo es hábil en mostrar cosas.

El aspecto que Patáñjali llama mente, o *citta*, está evolucionando continuamente, como el resto de la creación. Su meta evolutiva es perfeccionarse hasta el punto de permanecer absorta en todos los fenómenos con la misma quietud, imperturbabilidad y ecuanimidad que la de la pura conciencia. En ese instante es cuando consigue reflejar la pura conciencia y percibirla, descubriendo que ésta es distinta e independiente de la naturaleza. Es decir, el propósito de la creación es en el fondo revelar la pura percepción para poder contemplarla.

El movimiento y la quietud

Patáñjali descubrió que todos los contenidos de la creación que podía observar —incluyendo su propio cuerpo, sentidos y mente— estaban cambiando. Fuera cual fuera el aspecto de la naturaleza que eligiera como objeto de contemplación, al cabo de poco veía que las propiedades fundamentales del objeto —la luz, la masa y el movimiento— no eran más que una secuencia de transformaciones y proporciones que estaban cambiando. Al observar con calma y paciencia la manifestación de las sensaciones, los pensamientos y los sentimientos mientras él mantenía la atención fija en alguna clase de objeto, llegó a la conclusión de que la manifestación de los mismos incluía tanto las cosas del mundo como el conocimiento que él tenía de ellos y que estaban cambiando continuamente.

La mente se comporta como las aguas del océano. A medida que sus corrientes agitan el agua generando olas, la superficie del agua se mueve. Cuando esto ocurre, el agua pierde dos de sus propiedades esenciales: la transparencia y la reflexividad. El movimiento del agua altera la superficie, fragmentando la luz reflejada en ella y haciendo que se vuelva opaca. Si Patáñjali hubiera utilizado la imagen del agua, habría señalado las dos formas de lograr recuperar la transparencia y la reflexión de la misma. La primera habría sido *aquietándola*, y la segunda, abandonando la superficie para sumergirse al fondo: la *interiorización*.

Patáñjali en lugar de utilizar la metáfora del agua emplea, sin embargo, la de una mente que al volverse tan transparente como una joya, refleja todo cuanto existe ante la pura conciencia: el objeto o la entidad que está contemplando; el sujeto o la conciencia del «yo» contemplándola; y el sentido de la relación existente entre el sujeto y el objeto que en general tomamos por el acto de percibir. La conciencia reconoce en el espejo de este estado reflexivo, llamado fusión, que todas las cosas —y la mente que las representa— están hechas de la misma sustancia.

Paradójicamente, a medida que uno empieza a reconocer la unidad que existe entre todas las cosas y que éstas son distintas de la pura conciencia, también ve la naturaleza de sus transformaciones con más claridad. Mientras que la pura conciencia es inmutable y existe más allá del tiempo, la sustancia de la creación está sujeta a un cambio constante, a cada instante. Patáñjali reconoció que una de las fuerzas interiores más básicas en los seres humanos era la tendencia a la yoidad. El hacedor del yo tiene el efecto de organizar los contenidos de la mente que están cambiando constantemente en una pseudo-realidad perfecta que parece desplegarse a lo largo del tiempo. Esta realidad construida se compone de uno mismo como el sujeto y de todo lo demás como el objeto. Desde esta posición ventajosa, el mundo y el yo se perciben como unas entidades duraderas, cada una distinta de la otra, dotadas de unas cualidades esenciales que se van transmitiendo a lo largo del tiempo.

El yo tiene la asombrosa habilidad de mantener este punto de vista, en condiciones normales sólo podemos vernos como una entidad individual. En todo momento vivimos y actuamos convencidos de que somos la misma persona que nació unos años atrás y que hemos llevado una continua vida hasta el presente. En realidad, no sólo uno mismo sino todos los objetos parecen tener una realidad esencial propia. Una vasija de barro está imbuida de «vasijidad» a pesar del hecho de que su identidad como vasija no sea más que una momentánea parada entre su procedencia de la tierra y su retorno a ella.

Sin embargo, cuando la mente se aquieta por completo, esta aparente permanencia y continuidad se desvanecen. Al igual que el agua opaca se vuelve transparente al calmarse, la realidad ilusoria representada en la mente se vuelve trasparente a medida que el cuerpo y la mente se van aquietando cada vez con mayor profundidad.

Durante este proceso ocurre otro cambio perceptivo. Nuestra noción del tiempo se vuelve espaciosa, la mente percibe muchos más acontecimientos individuales que antes y empieza a ver su propio funcionamiento con más detalle. Aquello que antes parecía un continuo fluir —la realidad del mundo fenoménico— lo percibe ahora como el parpadear de los microfenómenos surgiendo y desapareciendo de una forma tan rápida y sutil que es inimaginable. En circunstancias normales se hubieran unido como si fueran los fotogramas de una película, creando la ilusión de solidez y continuidad. Pero a medida que esta ilusión se desvanece, el yo y el mundo se revelan como una corriente de acontecimientos que están cambiando constantemente a una gran velocidad. Aquello que antes nos parecía lo bastante sólido como para sobrevivir al tiempo, ahora lo vemos como algo fragmentado y temporal. Y al verlo así, los dramas de la mente dejan de parecer reales, ya no nos impulsan a pensar o actuar de una manera que causa más sufrimiento. Por fin hemos reconocido que la conciencia inmutable que conoce esa realidad es el verdadero centro de la existencia humana, libre de todo sufrimiento.

El esfuerzo y el sin esfuerzo

Para aquietar los movimientos de la mente hasta llegar al punto de la realización —ver la realidad tal como es— hemos de dejar que cada aspecto de nosotros mismos se esclarezca. El programa de Patáñjali para esclarecerlos conlleva «uncir» o sublimar todas nuestras energías al proceso del despertar. Cada parte de este programa, aunque sea interdependiente con las otras, trata un diferente nivel del ser. A través de su programa, Patáñjali nos anima a mantener unas relaciones claras con los seres y los objetos del mundo exterior para que esas relaciones dejen de generar sufrimiento o de frenar la realización. Asimismo, nos asegura que una vida interior disciplinada es el camino más directo hacia la felicidad. Nuestro cuerpo-mente puede conocer su verdadera naturaleza al sentirse atraído por el sin esfuerzo, permanecer sentado y respirar. Con lo que nuestra atención se estabiliza, y entonces la percepción puede descansar en el momento presente y aclararse hasta el punto de percibir la unidad que existe entre todas las cosas más allá de los razonamientos o las dudas.

Hay que intentar transformar a través del yoga cada uno de los dominios del ser. Sin embargo, desde el punto de vista de Patáñjali, los torbellinos de nuestra vida física y mental ordinaria nos impiden ver que nuestros pensamientos y acciones están siempre teñidos de deseo, rechazo, egoísmo o miedo a la extinción. Pero a medida que nos vamos calmando con el proceso de aquietamiento, o *nirodha*, descubrimos que esas energías de sufrimiento son las chispas que avivan cada parte de nuestro paisaje interior para que nos pongamos en acción, lo cual incluye incluso nuestros esfuerzos para trascenderlas a través del yoga. Por más profunda que sea nuestra sinceridad o por más intenso que sea nuestro deseo de alcanzar el despertar, para poder obtener la claridad necesaria antes hemos de comprender que algunos de nuestros esfuerzos se convierten en obstáculos que se interponen en nuestro camino.

El programa de Patáñjali de la disciplina moral y personal quizá parezca imposible al principio por su dificultad. Sin embargo, el reto no se encuentra en la fórmula en sí misma, sino en vencer los arraigados hábitos mentales y físicos que siempre producen sufrimiento en nuestra vida. Estos hábitos de percepción y conducta nos cuestan muy caros, pero no podemos evitar apegarnos a ellos, ya que forman parte de nosotros. Es decir, todos hemos desarrollado unas formas de pensar y de reaccionar que en apariencia parecen reales y que han cristalizado en unas historias sobre nosotros mismos y el mundo, y nos aferramos a ellas como si fueran nuestra identidad y nuestro hogar. Sin embargo, dejar que estas construcciones se disuelvan en la corriente mucho menos ordenada o previsible de la realidad momentánea va totalmente en contra de la imperiosa necesidad organizativa del yo. En su repertorio, o en el de nuestra sociedad colectiva, no hay ninguna herramienta concebida para dejar de controlar las cosas hasta ese punto o para afrontar la realidad de una manera tan directa.

A medida que abandonamos la necesidad de interpretar el *nirodha* y que dejamos de adjudicarnos su aparición, empezamos a ver que nuestro programa habitual de intentar configurar el mundo en una serie de experiencias agradables es inútil y descubrimos con una gran claridad una preciosa y trascendental facultad humana: la de poder sentirnos a gusto con cualquier experiencia, con las cosas tal como son. La sabiduría humana fundamental, nos enseña Patáñjali, consiste en que en el corazón de cada sensación, pensamiento y sentimiento reside una pura conciencia que no está sujeta al mundo fenoménico, tanto si lo vemos *(vidya)* como si no *(avidya)*. Y el camino para conocer por completo esta sabiduría es el yoga.

Guía de pronunciación sánscrita

Los *Yoga sutra* y la mayoría de palabras y expresiones que aparecen en este libro se escribieron en sánscrito. Aunque el sánscrito sea el antepasado lingüístico directo de muchas de las palabras empleadas en la actualidad en nuestra lengua, la mayoría de los términos importantes del yoga no tienen un equivalente en nuestra lengua y, por tanto, se han incluido en sánscrito acompañados de su traducción. Además, en muchos casos sus cualidades tonales expresan profundamente sus significados y tradicionalmente se considera que también reflejan su cualidad espiritual.

La amplitud de las expresiones sánscritas procede en parte de extender la atención yóguica a los órganos vocales, con lo que se multiplican las posibilidades de producir distintos tonos. El alfabeto sánscrito, compuesto de cuarenta y nueve letras, ofrece distintas versiones de los sonidos conocidos, como los representados por la *n* y la *s*, cada uno se pronuncia con una parte distinta de la boca. Por eso algunas palabras sánscritas llevan diacríticos, para indicar cómo y dónde se ha de pronunciar una consonante o una vocal.

a	se pronuncia como una «a»
i	se pronuncia como una «i»
u	se pronuncia como una «u»
e	se pronuncia como una «e»
ai, ay	se pronuncia como una «ai»
o	se pronuncia como una «o»
au	se pronuncia como una «au»
ā, ī, ū, ē, āi, āu	su pronunciación se prolonga dos veces
h después de una consonante	después de la consonante hay una respiración adicional (en sánscrito no hay sonidos compuestos como «ch» en *charca*)
k, kh, g, gh, n	*guturales*, surgen de la garganta
c, ch, j, jh, ñ	*palatales*, surgen de la parte posterior del paladar
o, oh, e, eh, n	*cacuminales*, se articulan tocando con la lengua el paladar
ṭ, ṭh, ḍ, ḍh, ṇ	*dentales*, se articulan tocando con la lengua la parte interior de los dientes
p, ph, b, bh, m	*labiales*, surgen de los labios
c	*palatal*, se pronuncia como la «ch» de *charca*
ṛ	*cacuminal*, se pronuncia como la «r» de *roca*
ś	*palatal*, se pronuncia como la «sh» de la palabra inglesa *shop*
ṣ	*cacuminal*, se pronuncia como la «sh» de la palabra inglesa *gunshot*
ñ	se pronuncia como una «n» prolongada
ṃ	se pronuncia como una «n»
jñ	se pronuncia como la «gn» de *ígneo*
h	se pronuncia como una «h» aspirada
ḥ	constituye un suave eco de la vocal precedente

Los Yoga sutra acompañados de comentarios

1

La integración

En el capítulo 1, Patáñjali define el yoga como un método multifacético mediante el cual se lleva la mente a un estado de quietud. Para mostrar por qué vale la pena adoptarlo, examina lo que él considera el problema fundamental de la existencia humana y después ofrece una solución. El problema, dice Patáñjali, es que la mente y la pura conciencia subyacente en ella son dos cosas distintas, aunque en general se experimenten como una sola. Patájñali lo considera el primer error de la comprensión humana, un defecto que genera sufrimiento en casi cada pensamiento y acción.

La solución, afirma, es dejar que la mente se aquiete *(nirodha)* hasta el punto en que pueda reflejar la pura conciencia y percibirla. La mente ordinaria no es clara como un espejo sino más bien un torbellino de pensamientos, sensaciones y sentimientos que van de una dirección a otra. Sin embargo, cuando la mente se aquieta por completo, es como una joya-espejo lo suficientemente clara como para abandonar la falsa identidad que ha adoptado y reconocer su verdadera naturaleza. Este estado, y no nuestra compulsiva búsqueda de gratificaciones en las experiencias externas, es la fuente de la felicidad y la sabiduría más profundas.

Para ilustrar su visión del mundo, o *dársana,* Patáñjali introduce varios conceptos fundamentales, con muchos de los cuales los practicantes de su época estaban sin duda familiarizados. Entre ellos figura una clasificación de los cinco patrones generales de la mente *(citta-vritti);* las polaridades interdependientes del proceso de aquietamiento, la práctica *(abhyasa)* y la no reacción *(vairagya);* una descripción de *isvara,* la representación divina de la pura conciencia; estrategias para calmar y concentrar el cuerpomente; la reflexión clara como una joya de la fusión *(samapatti),* y las diferentes etapas de la integración *(samadhi),* el umbral de la realización.

1 Veamos las enseñanzas del yoga.
2 El yoga consiste en aquietar los patrones de la mente.
3 La pura conciencia puede entonces morar en su propia naturaleza.
4 De lo contrario, la pura conciencia se confunde con los patrones de la mente.

Del mismo modo que los seres humanos estamos dotados de las facultades innatas del habla, la lógica y el movimiento, también poseemos un infinito manantial de silencio y quietud en nuestro interior. Todas las ramas de la tradición yóguica nacen del mismo árbol, las raíces meditativas del cual ya se habían estado nutriendo del agua de ese infinito manantial durante miles de años antes de que Patáñjali lo describiera. Los *Yoga sutra,* de acuerdo con las antiguas enseñanzas, afirman que la plena realización y la liberación del sufrimiento se encuentran en el potencial natural del cuerpo-mente para estar satisfecho y plenamente consciente en el momento presente.

El yoga de Patáñjali es más bien un programa para desarrollar esta capacidad que un estado que alcanzar. Tal como deja claro en el capítulo 2, el yoga es un conjunto de prácticas que «uncen» cada uno de nuestros aspectos al objetivo central de la naturaleza: conocerse a sí misma tal como es. Aunque la palabra *yoga* signifique literalmente tanto «unción» como «unión», la idea del «yoga como unión» descrita en el *Bhágavad-gita* y en las *Úpanisad* como la realización de la unión entre el *atman* (espíritu) y el *Brahman* (matriz universal), no aparece en ninguna parte de los *Yoga sutra*. En cambio, Patáñjali describe el yoga como un sistema de autopurificación a través del cual la mente, experimentada como la mente y el cuerpo, llega a reconocerse a sí misma como una entidad material al ser contemplada por una pura conciencia inmaterial, ya que la mente por sí sola no puede conocerse.

La pura conciencia, insiste Patáñjali, no forma parte de una naturaleza que siempre está cambiando, sino que es inmaterial, inmutable e incorruptible, es la *misma percepción* que se limita a observar la naturaleza actuando ante ella. Al decir la «misma percepción» Patáñjali no se refiere a la conciencia que subyace en nuestro sentido de la visión, sino el omnipresente conocer ante el cual los cinco sentidos y también la mente se manifiestan. La pura conciencia es la conocedora de todas las imágenes, sonidos, olores, sabores, contactos físicos y pensamientos y, sin embargo, no forma parte de ellos.

En cambio, la mente *(citta)* es la sustancia de la que están hechos. La mente, al igual que una imagen de la televisión, surge tanto de una naturaleza sutil como de una de burda. Depende de las condiciones que la crearon y que la mantienen, y es absolutamente incapaz de contemplarse a sí misma. Sin embargo, en circunstancias normales no podemos ver este hecho y experimentamos la mente como nuestro yo, vivo y consciente en el mundo.

Patáñjali afirma desde el principio que la pura conciencia está encubierta por las oleadas de la mente, la cual está transformándose continuamente al ir de una secuencia a otra de pensamientos, y es muy inusual que permanezca en quietud durante largo tiempo. Esta característica de la mente requiere por nuestra parte un deliberado, constante e intensivo trabajo interior, o unción, para poder despertar de su automatismo y ver más allá de sus incesantes y limitadoras definiciones de la realidad.

Patáñjali explica más adelante que la naturaleza encubre la pura conciencia porque la mente, un producto suyo, es una poderosa entidad que en su estado habitual de obnubilación, confunde la relación que mantiene con la pura conciencia. Por tanto, en condiciones normales las experiencias de la mente se manifiestan sin que ella sepa cuál es su verdadero propósito, que en el fondo es servir a la pura conciencia. Tal como Patáñjali deja claro, si el yogui logra aquietar, o uncir, los agitados patrones de la mente, la conciencia ya no está abrumada por los movimientos de la naturaleza y la ignorancia se erradica.

5 Hay cinco clases de patrones, incluyendo los perjudiciales y los beneficiosos.
6 Son la percepción correcta, la percepción errónea, la conceptualización, el sueño profundo y el recordar.
7 La percepción correcta surge de la observación directa, las inferencias o las palabras de los demás.
8 La percepción errónea es el falso conocimiento, no se basa en las cosas tal como son.
9 La conceptualización se basa en el conocimiento lingüístico, no en el contacto con las cosas reales.
10 El sueño profundo es un patrón basado en la percepción de que nada existe.
11 Recordar es la retención de las experiencias.

Según Patájñali, la mente cristaliza la caótica corriente de acontecimientos perceptivos en cinco patrones básicos representativos o *citta-vritti*, los cuales surgen en nosotros de un modo incesante, dando a nuestra vida perceptiva la sensación de continuidad. Aunque un patrón parezca pertenecer a una «realidad» perdurable y perfecta que «uno» experimenta, tanto la «realidad» como el sentido del «yo» no son más que un ardid de la mente. *Vritti* significa literalmente «acto de rodar» [se aplica al flujo de ideas que ruedan por la mente como oleadas], y la particular forma en que los patrones mentales nos hacen sentir la realidad, es decir, como un campo de objetos observados por un sujeto, es impartida a través de su movimiento. Es como el agua de las olas, las cuales hacen que la superficie del agua sea opaca y no pueda reflejar nada. Cuando nuestra experiencia está configurada por este movimiento, nuestra visión de las cosas es incompleta y nos causa sufrimiento. En cambio, cuando nuestra *citta-vritti* nos hace «rodar» hacia la quietud, la mente se vuelve más transparente y se asemeja más a un espejo, proporcionándonos una visión menos distorsionada.

El universo de Patáñjali no es relativo. Algunas percepciones son reales y otras no. Podemos conocer la verdad percibiéndola directamente, infiriéndola o escuchándola de los demás. También podemos percibir e inferir erróneamente, o recibir una información incorrecta. En cualquier caso, una vez empezamos a imaginar lo que nuestras palabras evocan, hemos «rodado» sutilmente hacia un nuevo patrón de pensamiento, una conceptualización, que nos aleja más si cabe de la realidad que las inferencias o el testimonio de los demás.

Estas clasificaciones pueden parecer extrañas si tenemos en cuenta que nuestros conceptos no son más que una forma de organizar, recordar y esclarecer las verdades que creemos haber percibido. Pero para Patáñjali, los conceptos no son sin duda lo mismo que la verdad. Más adelante, en el aforismo I, 48, muestra que la mente alcanza el nivel más elevado posible de una verdadera percepción sólo cuando va más allá de los pensamientos.

También puede parecer raro que Patáñjali considere el sueño como un patrón de la mente, ya que después de todo la sensación que el sueño profundo produce es la de un estado de inconsciencia como mínimo. Pero supongo que desde el punto de vista de la conciencia pura y omnipresente, o *púrusa,* el sueño no es más que otro conjunto de formas que aparecen en la pantalla de la mente, en este caso, misteriosas y silenciosas.

El último ejemplo ilustra que el yoga define la mente y la pura conciencia de una forma totalmente distinta. En el caso de la mente *(citta),* diversas condiciones originan los distintos patrones *(vritti).* En el caso del sueño, los patrones no llegan a sentirse. Pero al margen de cómo se experimenten los patrones o de cómo puedan aparecer y desaparecer, la pura conciencia *(púrusa)* siempre subyace en ellos, de una forma inmutable e imperceptible.

12 Para aquietar los patrones de la mente, son necesarias tanto la práctica como la no reacción.

13 La práctica consiste en el continuo esfuerzo para permanecer en esa quietud.

14 Esta práctica se arraiga firmemente cuando se cultiva de manera hábil y continua durante mucho tiempo.

15 En cuanto a la no reacción, uno reconoce que la ha alcanzado por completo cuando no se apega a nada, tanto si se trata de algo percibido directamente como de algo aprendido.

16 Cuando se ha alcanzado el nivel supremo de la no reacción, se percibe claramente que la pura conciencia es independiente de las cualidades fundamentales de la naturaleza.

Patáñjali define ahora las dos polaridades de la voluntad yóguica que crea el potencial para la realización. La práctica, o *abhyasa,* es la decisión de alinear y realinear continuamente la atención al momento presente, el único lugar donde puede realizarse el singular proceso de uncir la mente a la profunda quietud. El continuo esfuerzo es necesario, ya que la fuerza que ejercen las distracciones es poderosa e incesante. Además, en la primera etapa de la quietud, cuanto más permanece inmóvil el yogui, más aumentan, ya que las sensaciones físicas se acumulan y los impulsos de moverse o de pensar sobre lo que ocurre se intensifican. En este punto el *abhyasa* se puede confundir fácilmente con una lucha contra la incomodidad y la inquietud experimentadas. Aunque el yogui pronto empieza a considerar las propias sensaciones de incomodidad e inquietud como indivisibles de todo cuanto puede sentirse y dejan entonces de ser un problema para él. Por eso hay que persistir en volver al momento presente, confiando en la posibilidad de alcanzar un estado de calma y lucidez, incluso en los momentos y lugares en los que el cuerpo-mente se siente asediado.

A través del *abhyasa* el yogui cultiva y genera una clase especial de esfuerzo, en el cual practica para volver al objeto de concentración elegido sin esfuerzo alguno. En lugar de batallar, abandona el deseo, el rechazo o el apego que siente hacia el yo, algo que sobre todo le distrae y que tiende a generar una tensión subliminal en el cuerpo-mente. El esfuerzo del *abhyasa* no se manifiesta de la misma forma que el esfuerzo físico o el mental convencionales, ya que éstos refuerzan el sentido del yo y causan sufrimiento, tal como Patáñjali señala en el capítulo 2. Es decir, cuanto más se esfuerza uno, más tiene la impresión de estar haciendo algo. En cambio, a medida que la clara visión aumenta, la pura conciencia reconoce que cualquier esfuerzo comporta sus propios condicionamientos y que, por tanto, siembra en la mente las semillas de un futuro sufrimiento. En las últimas etapas del aquietamiento cesa cualquier acción. Por eso es mejor traducir la palabra *abhyasa* como un «sutil esfuerzo», centrado en cultivar el sin esfuerzo.

La decisión de observar la experiencia sin reaccionar a ella *(vairagya)* es el potencial que genera el sin esfuerzo. *Vairagya* significa literalmente «no agitarse» y se refiere a la relación que surge en el instante en que percibimos algo. La mayoría de percepciones tiran de los hilos del apego que sentimos hacia las distintas cosas que nos gustan o nos desagradan o hacia nuestros ideales, con lo que se desencadena una clase de acción mental o física que puede crear a su vez sufrimiento (Patáñjali lo explica con más detalle a partir del aforismo II, 3). *Vairagya* es la decisión de dejar que los fenómenos surjan sin reaccionar a ellos. Es decir, uno es capaz de dejar que cualquier movimiento de la mente —un pensamiento, sentimiento o sensación— se manifieste ante la pura conciencia sin añadir nada en ningún sentido. Esta actitud va eliminando cada vez más la confusión de la propia experiencia y acaba conduciendo a una profunda quietud y claridad.

Vairagya revela el frescor y la originalidad del momento presente desplegado ante nosotros. Al dejar de reaccionar de forma condicionada, nos deshacemos de los patrones mentales que habíamos desarrollado en el pasado al relacionarnos con cada aspecto de la experiencia. Deshacerse de esos patrones es entrar en el espontáneo e imprevisible presente, libre de deseos, aversiones o cualquier otra forma de egocentrismo. En realidad, aquello que se «agita» en las reacciones siempre tiene que ver con *uno.* El sentido del «yo» se compone principalmente de reacciones, es una antología enciclopédica de agrados y desagrados, y se infiltra incluso en nuestros pensamientos y acciones más altruistas.

Cada vez que nos mantenemos serenos ante una experiencia que antes nos hacía reaccionar, rompemos el hábito de separar nuestra mente de la naturaleza. A medida que *vairagya* se extiende a nuestras reacciones más íntimas, sutiles o internas, la mente empieza a reflejar el hecho de que nuestro yo —incluyendo nuestros agrados, desagrados e ideales— está hecho de la misma sustancia que el resto de la creación. Esta sustancia, incluyendo aquello que identificamos como «yo», está cambiando constantemente y está sujeta a la causa y al efecto. Las propiedades cambiantes, o *gunas,* de este constante fluir son las mismas tanto en la mente como en todo cuanto existe en el mundo. Se manifiestan siguiendo las mismas líneas —*guna* significa literalmente «hebra»—, desde una sensación, como la de la felicidad que surge y desaparece, hasta, por ejemplo, una puesta de sol que llega y se va.

La visión de Patáñjali, o *dársana,* es similar a la del *samkhya,* otro sistema filosófico del hinduismo. El *samkhya* identifica tres gunas principales, o cualidades de la naturaleza, de las que todos los elementos se componen en unas proporciones que siempre están cambiando. La primera propiedad es la luminosidad *(sattva)*, que aumenta y desciende en la mente a medida que ésta se vuelve más o menos transparente y reflexiva, se parece al aumento o la disminución del brillo de una puesta de sol. La segunda propiedad es el movimiento *(rajas)*, la cualidad cinética de toda experiencia, que subyace en la impermanencia y en el sufrimiento que conlleva. La tercera propiedad es la masa *(tamas)*, que confiere las propiedades de solidez e inercia y que, por tanto, se resiste al cambio. Patáñjali esclarece la naturaleza de la pura conciencia señalando las cualidades de las que carece. A diferencia de todo cuanto existe en el mundo fenoménico, la pura conciencia está libre de los *gunas*, carece de luminosidad, movimiento y masa. Patáñjali trata los *gunas* más adelante, en los aforismos II, 15 y II, 19, y en el capítulo 4 detalla cómo la transformación de la mente producida por el yoga cambia la forma de ver los *gunas* ante la pura conciencia, liberando al practicante.

Patáñjali dice que la no reacción consiste en dominar nuestra tendencia a reaccionar. Alcanzar semejante grado de sin esfuerzo requiere un enorme esfuerzo, como explica más adelante. Pero se trata de una clase especial de esfuerzo —de no manipular las cosas, de dejar que sean tal como son— que se va perfeccionando poco a poco mediante una práctica regular hasta que se extingue por sí sólo. Al principio el esfuerzo está impulsado sobre todo por las energías del ego, como el deseo, el rechazo o el intentar alcanzar algo, pero cada acción mental o física que esas energías del ego activan, acaba produciendo más sufrimiento.

Por ejemplo, mientras estamos sentados en reposo —en meditación— descubrimos de manera inevitable que nos estamos esforzando en controlar más algún aspecto de nuestra vida. Sin ser necesariamente conscientes de ello, intentamos ser más felices, resolver algún problema físico o emocional, gustar a los demás, o simplemente meditar mejor que la última vez. Cada uno de estos esfuerzos surge de nuestro apego hacia unos pensamientos o acciones pasadas. Incluso el deseo de querer abandonar todo esto está envuelto en nuestras ideas de la sensación que nos producirá ese desprendimiento o sobre lo que nos aportará. La no reacción significa dejar de actuar basándonos en cualquiera de esos apegos. Tal como Patáñjali explica, los apegos se transfieren del pasado, aunque la mente esté descansando en el momento presente.

17 Al principio el proceso de aquietamiento va acompañado de cuatro clases de cognición: los pensamientos analíticos, la clara visión, el gozo y el sentido del yo.
18 Más tarde, después de practicar con regularidad para que cesen, las cuatro clases de cognición desaparecen, dejando sólo un cúmulo de impresiones latentes almacenadas en las profundidades de la memoria.
19 Estas impresiones latentes le predisponen a uno a renacer después de abandonar el cuerpo al morir y de disolverse éste en la naturaleza.

El proceso de aquietamiento tiene lugar por etapas. En la etapa inicial, siguen surgiendo espóradicamente en medio de una calma cada vez más profunda cuatro clases de actividad mental: los pensamientos analíticos, la clara visión, el gozo y el sentido del yo. Estas cogniciones no son unos pensamientos corrientes, sino que más bien están influenciadas por el proceso de aquietamiento y el conocimiento directo, o *jñana,* que ese estado proporciona.

Desde el punto de vista de Patáñjali, cualquier clase de movimiento volitivo del cuerpo-mente, ya sea mental o físico, constituye una clase de acción, o *karma.* Cada acción o volición deja una impresión *(samskara)* en la parte más profunda de la memoria, donde permanece latente durante un tiempo y más tarde vuelve a surgir en alguna nueva acción relacionada con aquélla. Lo cual a su vez crea unas nuevas impresiones latentes, dándose un ciclo de latencia y activación.

Aunque estas cuatro clases de cognición produzcan impresiones latentes, algunas de ellas fortalecen el intento de unción, con lo que impiden la activación de los *samskaras* almacenados en la parte más profunda de la memoria. A través de ellas existe la posibilidad de poder detener los pensamientos. La mente acaba estabilizándose en un nivel de calma en el que esta clase de pensamientos, por más hábiles o sabios que sean, dejan de producirse o de necesitarse.

Este estado no se alcanza intentando detener o bloquear los pensamientos —una acción abocada al fracaso que perpetúa sin duda el sufrimiento—, sino volviéndose a concentrar con suavidad en el objeto elegido. El yogui va alcanzando la concentración (*dharana,* III, 1) de manera natural a medida que se va relajando y abriendo a la experiencia en lugar de intentar controlarla tercamente. Y con el tiempo, las únicas formas mentales que acaban surgiendo en esta práctica *(abhyasa)* se relacionan, al igual que las anteriores, con el mismo objeto elegido, reemplazando a todas las otras percepciones. Este estado constituye la absorción meditativa (*dhiana*, III, 2; IV, 6). A medida que el yogui sigue confiando en la posibilidad de aquietar la mente por completo, los espacios que se dan entre los pensamientos se van prolongando. Y con el tiempo, las formaciones mentales llegan a cesar durante unos minutos o incluso varias horas. En esta segunda etapa la mente se aquieta hasta el punto de reflejar la pura conciencia y percibirla, tal como lo describe Patáñjali en el aforismo IV, 22.

La mente, al detener su propio movimiento, deja de «sembrar» en la memoria las semillas de los *samskaras*. A partir de ese momento el yogui ya no añade nada más al almacén de impresiones latentes creado por los pensamientos y las acciones pasadas. Cuando se activa alguna de las impresiones almacenadas, la actitud de no reacción del yogui limita los efectos de la misma al no impulsar nuevas acciones que perpetuarían el ciclo de *karma-samskara-karma*.

Según la visión de Patáñjali, compartida por el *samkya*, una vez que una acción deja una impresión, vuelve a surgir en un nuevo pensamiento o acción. Su latencia puede incluso sobrevivir a la muerte y a la reabsorción del cuerpo en la matriz de la naturaleza y transferirse en un futuro renacimiento. Patáñjali vuelve a citar esta idea en los aforismos II, 12-15 y IV, 9-11.

Tal vez parezca extraño que Patáñjali no dé demasiada importancia a las experiencias de clara visión y gozo que surgen y desaparecen de manera inevitable a medida que el aquietamiento va aumentando. Sin embargo, por más útiles y deseables que esas experiencias parezcan en el momento de producirse, no son más que unos sutiles vestigios del ego que difunden una oleada en una mente sumida en una calma tan clara como un espejo. Patáñjali sugiere que el yogui las considere como unas señales de que está progresando en el camino, pero no ha de confundirlas con su destino: la liberación del sufrimiento.

20 De entre todas las demás, la fe, la energía, la atención, la integración y la sabiduría forman el camino de la realización.
21 Para los que anhelan sinceramente liberarse, la liberación está cerca.
22 Lo cerca que esté depende de si la práctica es ligera, moderada o intensa.

La visión de Patáñjali sobre el problema de la condición humana, en el que nuestra falsa idea básica de la naturaleza de los fenómenos nos conduce a un sufrimiento universal, es en realidad optimista. Para eliminar el sufrimiento todo cuanto hemos de hacer, promete Patáñjali, es entregarnos por completo al proceso de la realización yóguica. También explica más adelante (II, 18; II, 21; IV, 24) que la búsqueda de la liberación es totalmente natural, la naturaleza, bajo la forma de mente, existe para reflejar la pura conciencia y percibirla.

Aquí es el único caso en el que se menciona la fe. Patáñjali no basa la fe en ninguna clase de dogma, sino en aquello que puede realmente conocerse (I, 7). Así que, a medida que el yogui ve cómo la interiorización y la calma se van desarrollando a través de la práctica de yoga, empieza a confiar en que la continuidad de la misma le conducirá a una visión más profunda. Esta fe le proporciona la energía necesaria para seguir practicando con regularidad y los frutos de la práctica fortalecen en él la sensación de que es posible alcanzar la realización. Y esta sensación fortalece a su vez la atención vigilante (*smriti,* literalmente «recordar») y le ayuda a producir y madurar la integración, el umbral de la sabiduría (I, 46). Esta sabiduría, o *prajña,* consiste en reconocer que la pura conciencia es distinta de la mente y de cualquier otro elemento de la creación. La sabiduría es el último peldaño que conduce a la plena realización, en la que incluso la *prajña* desaparece.

La especial fe del camino yóguico se basa en la proximidad de la realización. Cuando Patáñjali dice que está cerca, no sólo se está refiriendo a que el practicante la alcanzará al cabo de poco, sino también a que se encuentra cerca. De la misma manera que una bellota tiene el potencial de convertirse en roble, los seres humanos poseemos la capacidad de despertar. Según Patáñjali, en el fondo, el objetivo de cualquier experiencia es mostrarnos este hecho. En cierto sentido, la perfecta sabiduría forma parte del tejido de nuestra ignorancia y confusión. Patáñjali insiste en que en este mismo instante la pura conciencia subyace en cualquier pensamiento y percepción, y para liberarnos del sufrimiento lo único que necesitamos es reconocer plenamente este hecho.

Al ofrecernos el camino del yoga Patáñjali reconoce que para establecer con firmeza una clara visión es necesario alcanzar una profunda quietud interior y que la aparición de la quietud requiere tiempo y una práctica de yoga regular y sistemática. Según la ecuación que nos presenta, la energía que el yogui pone en la práctica determina el resultado que obtiene, pero esta energía no ha de estar empañada por los esfuerzos mentales o físicos convencionales, que tienden a ser cinéticos *(rajas)* en lugar de iluminar en la quietud *(sattva)*.

23 La realización también llega si uno orienta su vida hacia el ideal de la pura conciencia: *isvara*.

24 *Isvara* es una clara e incorruptible forma de la pura conciencia, totalmente independiente de la causa y el efecto, y carece de cualquier impresión latente.

25 Su independencia hace que esta pura conciencia sea una incomparable fuente de omnisciencia.

26 *Isvara* fue también el ideal de los antiguos porque trasciende el tiempo.

27 *Isvara* se representa por medio del sonido *om*.

28 Su significado se capta con claridad a través de la repetición.

29 La interiorización se desarrolla entonces y los obstáculos desaparecen.

Para Patáñjali y para los seguidores del *samkhya*, *isvara* es una conciencia divina que nada tiene en común con ningún dios de los panteones de sus coetáneos. En realidad, ni el yoga ni el *samkhya* son teístas per se. Aunque Patáñjali reconoce que los yoguis tienden a invocar deidades (II, 44), procura dejar claro que *isvara* es totalmente distinto de ellas. No se trata de un ser ni de una entidad, sino más bien de un *púrusa*. Es increado e indestructible, está más allá del tiempo y el espacio, y no crea ni destruye nada. A diferencia de la manifestación del *isvara* del Vedanta sobreimpuesto al Brahman, el *isvara* de Patáñjali no está sujeto a la causa ni al efecto, ni tampoco es afectado por actividades devocionales tales como las plegarias o los rituales. En este sentido *isvara* es distinto del *púrusa* asociado a un individuo. Ya que ese *púrusa* esta «ligado» a la naturaleza en una relación (II, 17-27) que, según Patáñjali, al haberse percibido siempre erróneamente es, por tanto, la principal causa del sufrimiento, en cambio *isvara* no está ligado de ningún modo a la creación que se manifiesta.

Isvara no es un dios ni un *púrusa* en el sentido usual de la palabra, sino más bien un divino espejo al que a lo largo de los siglos podemos recurrir para vislumbrar nuestra verdadera naturaleza y la posibilidad de liberarnos totalmente de la trampa de la *prákriti*. En realidad, no se puede acceder a *isvara*, ni siquiera en el punto de la realización; repetir la sílaba vibratoria *om* para invocar a *isvara* inicia el proceso yóguico y acaba llevando a un reconocimiento no conceptual, o *jñana*, del *púrusa* de uno. En realidad, *isvara-pranidhana*, la frase que Patáñjali utiliza, significa «alinearse con *isvara*», es decir, uncir cualquier aspecto de la vida consciente a la perspectiva de la pura conciencia.

La interiorización consiste en cambiar la perspectiva exterior para ir adoptando un punto de vista interiorizado. En general, describe la trayectoria del óctuple proceso yóguico de Patáñjali, presentado en los capítulos 2 y 3, en la que la orientación de la mente hacia el «mundo exterior» —de las personas, las cosas y las relaciones—, va cambiando hasta orientarse hacia el «mundo interior» de los procesos atencionales con los cuales se percibe el mundo exterior. Es decir, la interiorización es la creciente sensación de que la pura conciencia no consiste en ver un objeto per se, sino en observar una mente representando un objeto.

Durante la práctica sistemática del aquietamiento (*nirodha*), la interiorización empieza a surgir cuando se observa con atención un solo objeto o campo (*dharana*). A medida que los sentidos dejan de reaccionar de manera natural a los estímulos externos, un fenómeno que Patáñjali denomina *pratyahara* (II, 54), la mente del yogui empieza a serenarse, sus percepciones se vuelven más agudas y él es capaz de advertir los movimientos de su mente que antes no captaba. La experiencia es como ver la imagen realista de una pintura de un museo desde lejos. A medida que nos acercamos a la pintura, podemos ver las pinceladas y la textura del lienzo, hasta el punto en que la imagen se descompone por completo y no podemos verla a no ser que elijamos retroceder para observarla de lejos de nuevo.

30 Las enfermedades, la apatía, las dudas, la falta de atención, la pereza, la lujuria, la ilusión o engaño, la falta

de progreso y la inconstancia son unas distracciones que, al agitar la mente, se convierten en obstáculos para la quietud.

31 Cuando surgen el practicante puede experimentar angustia o depresión, o ser incapaz de mantener la postura corporal correcta o de respirar con uniformidad.

32 Estas distracciones se subyugan trabajando con cualquiera de los siguientes principios de la práctica.

33 La mente se calma a medida que el practicante irradia bondad, compasión, alegría y ecuanimidad hacia todas las cosas, tanto si son agradables o desagradables, buenas o malas.

34 O haciendo una pausa al final de la inspiración y la espiración.

35 O observando constantemente cómo se materializan las nuevas sensaciones.

36 O al experimentar pensamientos luminosos libres de sufrimiento.

37 O al concentrarse en cosas que no infunden apego.

38 O al reflexionar en las percepciones interiores obtenidas en el sueño y los sueños.

39 O por medio de la absorción meditativa en cualquier objeto deseado.

40 La absorción meditativa puede realizarse con cualquier objeto, tanto si es inmenso como infinitesimal.

Patáñjali enumera nueve clases de distracciones que agitan el cuerpo-mente o que le impiden permanecer en el momento presente. También menciona tres signos que nos avisan de que la mente se ha distraído y ofrece siete formas de neutralizar las distracciones. Estos siete principios de la práctica posiblemente procedan de diversas tradiciones yóguicas que ya estaban bien establecidas en la época de Patáñjali. Mientras el yogui adopte cualquiera de estos principios y los mantenga, podrá volver a llevar su mente a un estado de quietud.

El camino del yoga, insiste Patáñjali más adelante, cumple con el primordial propósito de la vida. Cada ser representa tanto la naturaleza como la pura conciencia y tiene la tendencia innata a reconocerlo. Cada aspecto de nuestro ser o de nuestra naturaleza, cuando se utiliza con habilidad, puede servir como un vehículo para los procesos de interiorización y calma, y conducir a la realización.

En común con la tradición budista, Patáñjali observa que el proceso yóguico se profundiza cultivando la bondad, la compasión, la alegría y la ecuanimidad: las cuatro «moradas divinas» o *brahma-viharas*. El practicante no sólo irradia estos estados mentales hacia su interior y sus propias experiencias, al margen de sus cualidades, sino también hacia todos los seres. El deseo de recibir todos los fenómenos con bondad es la base de la no reacción (I, 15).

Patáñjali también menciona por primera vez el control de la respiración o *pranayama*. Hacer una pausa al final de la espiración ejerce una especie de atracción gravitacional sobre la mente que le ayuda a concentrarse en el interior y a no distraerse.

Otro remedio para las distracciones es ser consciente de las sensaciones que surgen. En general, en el momento que percibimos algo empezamos a interpretarlo y a asociarlo con otras cosas. Patáñjali recomienda en este caso estar atento a cada oscilación de la actividad (*pravritti*) que surge a través de la mente sensorial (*manas*). Este método es un poderoso vehículo para cultivar la no reacción. La habilidad de permanecer en el filo de la navaja del presente, observando cómo un fenómeno se sucede a otro sin quedar atrapado en las cadenas de las reflexiones, esclarece cómo las causas del sufrimiento (II, 3) generan distracciones. Al adquirir esta claridad, la relación que el practicante mantiene con su experiencia interior se transforma, ya que ahora puede ver que sus pensamientos y sentimientos más queridos son menos importantes y duraderos de lo que creía. La regular observación de la *pravritti* [la manifestación de lo latente] favorece la interiorización, con lo que poco a poco se va revelando con mucho más detalle la experiencia del momento a la que uno puede acceder, incluyendo los sutiles aspectos de la percepción (*tanmatras*). Tal vez por eso la *pravritti* se ha considerado a veces una experiencia suprasensorial. Observar esta manifestación de lo latente es además relajante, ya que la incesante reactividad subliminal del sistema nervioso se calma.

Los pensamientos luminosos exentos de sufrimiento van reemplazando entonces a los pensamientos divagadores. Al mismo tiempo, al centrarse el practicante en cosas que no le producen atracción ni rechazo, es capaz de abandonar la ilusión de que el yo —el propietario de esas atracciones y rechazos— está separado del resto de la naturaleza. Las nueve clases de distracciones se basan en la ilusión de un yo separado.

La última estrategia de Patáñjali para vencer las distracciones es permanecer absorto meditando en cualquier objeto adecuado, al margen de cuál sea su tamaño. Tal como explica al principio del capítulo 3, fijar la atención en una área *(dharana)* produce la absorción meditativa *(dhiana)*, en la que el flujo perceptivo se alinea hacia el objeto elegido. Al percibir que el objeto es indivisible del sujeto, tiene lugar la integración, o *samadhi*. Estos estados —*dharana, dhiana* y *samadhi*— surgen al cesar los incesantes movimientos de la mente.

41 A medida que los patrones mentales van cesando, la mente se impregna de una forma transparente de percibir el mundo fenoménico, llamada fusión; clara como una joya, refleja por igual todo cuanto se encuentra ante ella, ya sea el sujeto, el objeto o el acto de percibir.

42 Mientras esta transparencia esté impregnada de conocimiento conceptual o lingüístico, se denomina fusión con pensamiento.

43 En la siguiente etapa, llamada fusión más allá del pensamiento, los objetos dejan de estar empañados por la memoria, ahora sólo brilla la no forma, la naturaleza esencial de los mismos.

44 Asimismo, la contemplación fusionada de los objetos sutiles se describe como fusión reflexiva o como fusión sin reflexión.

45 En la naturaleza indiferenciada se percibe el origen de los objetos sutiles.

46 Las cuatro clases de contemplación fusionada —con pensamientos, más allá de los pensamientos, reflexiva

o sin reflexión— se denominan la integración que produce las semillas de las impresiones latentes.

Patáñjali utiliza la imagen de una joya para evocar la transparencia y la reflexión de la fusión *(samapatti)*, que es como un espejo. Del mismo modo que la no reacción *(vairagya)* es el medio para desarrollar la quietud del cuerpo-mente, la fusión es el mecanismo de integración *(samadhi)*. Una vez que la mente se ha asentado y aquietado relativamente, su propiedad inherente de reflexión —aunque esté casi siempre oculta— se manifiesta, como en el caso del agua. Ahora todas las apariencias se reflejan por igual en ella y las habituales distinciones entre los distintos componentes de la mente, incluyendo el observador, lo observado y el acto de observar, desaparecen. Una vez el cuerpo-mente se aquieta, el sujeto, el objeto y la relación perceptiva dejan de experimentarse como entidades individuales, ya que esta ilusión alimentada por el incesante movimiento de la mente se desvanece.

El *samapatti* no es un estado alterado de conciencia, sino una visión más clara y precisa de la experiencia. Significa «cuando todo desaparece» y es una forma de ser totalmente natural que surge tarde o temprano del proceso de aquietamiento *(nirodha)*. Sin embargo, el yo no siente que la fusión sea inevitable, ya que como él no la produce, es incapaz de percibir su aparición o de prolongarla. De hecho, en las primeras etapas del *samapatti* puede incluso surgir una sutil clase de sufrimiento, ya que el yo descubre que algunas veces no se siente inclinado a abandonar sus queridas distinciones y distorsiones y, en cambio, otras desea experimentar y dominar la fusión.

Tal como Patáñjali explica en los aforismos I, 17 y I, 18, el proceso de aquietamiento se desarrolla en dos etapas, la primera se caracteriza por la aparición de cuatro distintas clases de cognición: los pensamientos analíticos, la clara visión, el gozo y el sentido del yo. Estos pensamientos tienden a ser más sutiles que la misma clase de pensamientos que uno tiene en la vida cotidiana, ya que surgen con relación a la calma y a la ecuanimidad desarrolladas en ese momento, y algunos de ellos ayudan a la mente a centrarse en la posibilidad de alcanzar una quietud más profunda si cabe libre de pensamientos.

Una vez aparece esta segunda etapa, la mente deja de clasificar el objeto, de asociarlo con otros o de analizar sus detalles por medio de la memoria. En su lugar, el objeto aparece ante la pura conciencia tal como es, despojado de los habituales accesorios de las clasificaciones y los significados con los que la mente lo recubre para distinguirlo de los otros objetos: esto es una manzana, las manzanas son rojas, me gustan las manzanas.

Patáñjali hace ahora una distinción más, basada en si el objeto en la conciencia es burdo o sutil. Desde la perspectiva del *samkhya,* el aspecto burdo de la naturaleza está compuesto de todas las cosas que son visibles, palpables o, si no, perceptibles de manera burda, incluida la materia y los productos de la mente *(citta).* Y por otro lado, los elementos sutiles son los fenómenos inmateriales y perceptibles de manera sutil. Entre ellos se encuentran los *tanmatras,* o las experiencias primordiales y sutiles subyacentes en los sonidos, las formas, los olores, los sabores y las sensaciones, y los movimientos de los tres componentes de la mente: la inteligencia *(buddhi)*, la mente sensorial *(manas)* y el «hacedor del yo» o principio organizador del ego *(ahamkara)*.

Cuando ocurre la fusión con relación a los objetos sutiles, la actividad cognitiva que surge en las primeras etapas es más sutil que las clases de pensamiento que surgen de la fusión con relación a los objetos burdos. Patáñjali da a esta actividad cognitiva el nombre de reflexión, ya que es menos sólida, más luminosa y reflexiva, o *sattva*, de acuerdo con los objetos sutiles que contempla. Estas cualidades de luminosidad y reflexión le permiten a la conciencia conocer que los elementos del ser más personales e interiores —la mente, la yoidad y los sentidos— surgen de la matriz de la naturaleza. Tal como Patáñjali explica en el aforismo II, 6, hasta ese momento la conciencia no podía percibirse a sí misma separada de los sentidos. Pero a través de la fusión, esta confusión empieza a desaparecer.

Para que no haya ningún malentendido semántico, hay que observar que aquí el término *reflexión (vicara)* de Patáñjali es una clase de cognición, como cuando reflexionamos sobre una experiencia. No ha de confundirse con la imagen de Patáñjali de la fusión *(samapatti)* como una serie de estados en los que la mente se vuelve reflexiva como una joya. En realidad, la superficie de la mente sólo puede convertirse en un claro espejo cuando todas las olas de la cognición —incluyendo las «reflexiones»— han desaparecido.

Tanto el esfuerzo como el sin esfuerzo yóguicos guían al cuerpo-mente a medida que se deja atraer continuamente por la integración, o *samadhi*. Ahora la sustancia del yo ya no se percibe separada del resto de la creación, la mente deja de luchar contra sí misma y logra calmar su incesante agitación. El sujeto y el objeto ya no se experimentan como dos entidades separadas. Es decir, a medida que la mente se interioriza y calma, la naturaleza aparece cada vez más inclusiva, hasta el punto de comprender la mente que el yo exerimentado pertenece al mismo dominio que el de la experiencia. El *samadhi* consiste en descansar en ese descubrimiento.

El *samadhi* (literalmente «unir») es tanto la práctica culminante del yoga (Patáñjali trata los otros siete componentes de la práctica en el capítulo 2) como su estado final. Como práctica, es la integración de todo el programa y, sobre todo, de los componentes más interiorizados: la *concentración* y la *absorción meditativa,* que destilan la atención en su forma más pura. Como estado, el *samadhi* es la estabilización del *samapatti,* ya que consolida la percepción acerca de que el sujeto y el objeto están hechos de la misma sustancia. El sentido del yo ya no lo separa a uno de los otros constituyentes de la naturaleza *(prákriti)*; y con el *samadhi* el «yo» y el mundo se «unen». Este descubrimiento es el umbral más allá del cual la pura conciencia puede empezar a conocer su verdadera naturaleza.

47 En la lucidez de la contemplación fusionada sin reflexión, se percibe con claridad la naturaleza del yo.

48 La sabiduría surgida de esa lucidez es infalible.
49 Esta sabiduría, a diferencia de las percepciones interiores adquiridas a través de inferencias o enseñanzas, tiene como objeto la misma distinción entre la pura conciencia y la mente.
50 Genera unas impresiones latentes que impiden la activación de otras impresiones.
51 Cuando incluso esas impresiones latentes dejan de surgir y los patrones de la mente se aquietan por completo, la integración no produce más simientes.

A medida que la interiorización y la calma se vuelven más profundas, el yogui puede fijar totalmente la atención en los objetos sutiles. Y poco a poco va cesando toda la actividad cognitiva. La mente ahora se mantiene en calma, es transparente y reflexiva de una forma absolutamente no mental. El yogui percibe la pura conciencia, o *púrusa*, y puede descansar en su propia naturaleza. Todo aquello que antes la encubría —la mente, el yo, los sentidos— se percibe ahora como distinto de la pura conciencia, como parte de la creación, o *prákriti*, y carente de una conciencia intrínseca. Constituye la sabiduría suprema, o *prajña*.

La *prajña* no es un producto de la pura conciencia, ya que ésta no crea ni destruye nada, sino de la mente. Como la mente espejo de ahora refleja la pura conciencia y la percibe, la *prajña* surge y crea unas sutiles oleadas en forma de una clase única de impresión latente, o *samskara*. Esta nueva clase de impresión latente hace cesar eficazmente las otras, estabilizando la dirección de la mente hacia la realización y alejándola del sufrimiento.

Una vez que la sabiduría se interioriza, también se aquieta y ya no se producen más impresiones latentes de ninguna clase. Patájñali describe este estadio como el último efecto kármico de la integración, el *nirbija-samadhi,* en el que no se siembran más simientes de sufrimiento. Tal como explica al final del capítulo 4, la perspectiva que surge de esta decisión, constituye el estado último de la integración, el *dharma-meghah-samadhi,* en el cual se alcanza el propósito fundamental de la naturaleza.

2

El camino de la realización

Patáñjali tras haber descrito el *samadhi*, el estado supremo de trascendencia, explica ahora el camino que conduce a este estado. Después de identificar el desconocimiento de nuestra verdadera naturaleza como la causa raíz del sufrimiento, explica cómo éste colorea la experiencia humana y se perpetúa a lo largo de la vida, la muerte y el renacimiento. Para ilustrarlo describe cómo las cualidades fundamentales de la creación se entretejen para producir las experiencias y por qué estas experiencias encubren entonces la pura conciencia que las contempla. Y, por último, Patáñjali expone el programa de ocho miembros del *astanga-yoga*, describiendo el camino que conduce de lo externo a lo interno y de la ignorancia a la realización.

1 La acción yóguica se compone de tres elementos: la disciplina, el estudio de sí mismo y la orientación de la mente hacia el ideal de la pura conciencia.

2 Sus objetivos son desarmar las causas del sufrimiento y alcanzar la integración.

El camino que conduce a la realización, o *sadhana,* de nada sirve a no ser que se recorra. La mayoría de nosotros necesitamos la acción, o el *kriya,* para progresar hacia el *samadhi* (véase IV, 1, no obstante). Limitarse a aplicar un enérgico esfuerzo no basta, es necesario además dirigirlo hacia la dirección correcta, hacia el objetivo supremo. Según Patáñjali la disciplina, o *tapas* (literalmente «calor») proporciona energía; el estudio de sí mismo *(svadhyaya)* sirve de mapa de carreteras; y la pura conciencia, tal como lo ejemplifica el divino *isvara,* es el destino. Patáñjali trata a *isvara* en los aforismos I, 23-29 y explica el *tapas* y el *svadhyaya* al final del capítulo 2.

3 No ver las cosas tal como son, el sentido del «yo», el apego, el rechazo y el apego a la vida son las causas del sufrimiento.

4 No ver las cosas tal como son es el campo donde germinan las otras clases de sufrimiento, ya sea latente, activado, interceptado o debilitado.

5 La falta de sabiduría da lugar a que se confunda aquello que es impermanente, impuro, perturbador o carente de yo, con la permanencia, la pureza, la felicidad y el yo.

6 El sentido del «yo» atribuye una yoidad a la pura conciencia al identificarla con los sentidos.

7 El apego es un residuo de una experiencia placentera.

8 La aversión es un residuo de un sufrimiento

9 El apego a la vida es instintivo y autoperpetuable, incluso en los sabios.

Patáñjali se dedica acto seguido a distinguir la acción hábil, que conduce a la realización, de la acción cotidiana, envuelta en el sufrimiento, o *duhkha.* El sufrimiento tiene una causa principal: la ignorancia de nuestra verdadera naturaleza, la cual genera cuatro causas secundarias. Esta ignorancia, o *avidya* (literalmente «ofuscación»), consiste sobre todo en creer que la pura conciencia *(púrusa)* y la mente *(citta)* son lo mismo. Así que, aunque la pura conciencia y los sentidos no sean en realidad lo mismo, siempre se experimentan como una sola cosa, es decir, como un yo consciente. Este yo parece ser el «propietario» de la propia experiencia. Si una experiencia es agradable o positiva, el «propietario» tiende a sentir atracción, y si es desagradable o negativa, tiende a sentir aversión. De cualquier manera, estas reacciones condicionadas sirven para reforzar el sentido del yo, cada agrado y desagrado crea otro ladrillo en el edificio del «yo».

Esta autoconstrucción adquiere entonces prácticamente una vida propia e intenta perpetuarse a toda costa. Su sabor de sustancialidad y permanencia es característico de *tamas,* la cualidad inerte de la naturaleza que hace que el yo se resista a la idea de cambio. Cuanto más nos aferramos al «yo», más real parece; y cuanto más real parece, más nos aferramos a él.

Es importante comprender cómo las causas del sufrimiento se diferencian de las acciones hábiles. El rechazo, o *dvesa,* puede servir como ejemplo. Cuando alguien nos perjudica con sus acciones, es sensato reconocer el perjuicio causado, rectificarlo y evitar repetirlo en un futuro. En cambio, la aversión consiste en no ver *(avidya)* la diferencia entre la pura conciencia y el yo y seguir, por tanto, de forma reflexiva aumentando el perjuicio al identificarse con él. Se convierte en una parte de «mí» y aquel que nos ha perjudicado se convierte en «el perjudicador». Al estar envueltos en esas identidades, tanto al perjudicado como al perjudicador les cuesta liberarse de la dolorosa experiencia. Tal vez parezca que la rectitud y el sentido de culpa valen la pena y que sin duda fomentan unas metas personales o sociales, pero en realidad sólo prolongan el sufrimiento. Y, además, no son lo mismo que la clara conciencia, la verdadera base para asumir la propia responsabilidad.

Cada una de las causas del sufrimiento pueden manifestarse de cuatro formas. Normalmente experimentamos una de ellas cuando se activa, pero también puede permanecer dormida, almacenada como una impresión latente. Y surgir luego, interceptando y ocultando otra más débil. Y tal como Patáñjali explica, la interiorización y la absorción meditativa desarrolladas a través de la práctica de yoga las debilitan.

10 En su forma sutil, las causas del sufrimiento se subyugan viendo de dónde proceden.
11 En su forma burda, los patrones de la mente se subyugan por medio de la absorción meditativa.

En el aforismo I, 45 Patáñjali observa que la fusión, o *samapatti*, permite seguir la trayectoria de los objetos sutiles hasta llegar a su origen en la naturaleza indiferenciada. Dice literalmente que «cesan» en este punto. Es decir, al observarlos con atención, reconocemos que en su origen carecen de forma, de permanencia y de yo. Una vez lo reconocemos, ya no nos afectan.

Por ejemplo, cuando nos sentamos en meditación, incluso después de que la fusión haya surgido, las impresiones latentes pueden seguir formándose de la actividad perceptiva. Algún elemento del objeto que estamos observando —por ejemplo, el dolor— puede activar una impresión latente almacenada, causando un sentimiento de rechazo. En la fusión las distinciones que comúnmente aplicamos al rechazo —yo/eso, bueno/malo, soportable/insoportable— desaparecen, y el rechazo en sí mismo se revela como unas simples y fugaces energías del cuerpo-mente indefinidas que se disuelven de nuevo en el indiferenciado fondo de la mente del que han surgido. De ese modo el yogui percibe la cualidad del sufrimiento, o *duhkha,* que de ordinario acompaña de manera inevitable al sufrimiento y a las vicisitudes del ser humano, y es capaz de no apegarse a él.

Normalmente cuando las causas del sufrimiento surgen, no nos encontramos en un estado de fusión y dejamos que se solidifiquen en una sucesión de pensamientos *(citta-vritti)*, tales como la percepción de «Yo no puedo soportarlo». La sucesión de pensamientos se neutraliza en cuanto volvemos a meditar en la percepción surgida. Por lo general, respondemos a la sensación de rechazo huyendo de las percepciones dolorosas. Esta tendencia psicosomática se manifiesta tanto internamente en el individuo como en nuestra cultura moderna, que está repleta de mensajes comerciales y políticos que fomentan sutilmente la idea de que la vida puede ser continuamente agradable y que en realidad debería serlo.

Sin embargo, concentrarse en la percepción que surge y dejar que la conciencia se estabilice en ella es la esencia de la no reacción, o *vairagya*, y de ese modo se transforma la experiencia que tenemos tanto de la percepción como la del objeto percibido. Al observar ambos, descubrimos que sus contenidos y cualidades están cambiando continuamente. Nuestra perspectiva se ha interiorizado, ahora sabemos que estamos observando unas energías que han surgido en nuestra mente y que las duraderas entidades llamadas «dolor» y «mío» son representativas en lugar de verídicas. Lo que en un principio creíamos que era una realidad sólida —«la forma en que las cosas realmente son»—, ahora lo vemos como efímero. En otras palabras, lo burdo se convierte en sutil.

12 Las causas del sufrimiento son la causa raíz de las acciones; cada acción deposita unas impresiones latentes en las profundidades de la mente, que se activan y experimentan más adelante en esta existencia o bien permanecen ocultas para surgir en una vida futura.

13 Mientras esta causa raíz exista, sus contenidos madurarán en un nacimiento, una vida y una experiencia.

14 Esta vida estará marcada por la dicha o el sufrimiento, según las acciones buenas o malas que se hayan acumulado en el almacén de impresiones latentes.

15 El sabio ve sufrimiento en todas las experiencias, ya sea en la desdicha creada por la impermanencia, en las impresiones latentes cargadas de sufrimiento o en

los incesantes conflictos formados por las cualidades fundamentales de la naturaleza que compiten por ascender.

16 Pero el sufrimiento que aún no ha surgido puede evitarse.

El ciclo de causa y efecto que Patáñjali describe es, en realidad, circular: las impresiones latentes surgen de la red de la memoria más profunda como pensamientos, palabras o acciones. Cada una de ellas es una clase de acción *(karma)* que genera un efecto que se almacena luego en la red de la memoria más profunda como una nueva impresión latente. Así pues, la acción engendra una impresión, y la impresión engendra a su vez una acción. Como la inmensa mayoría de *karmas* surgen de no ver las cosas tal como son *(avidya)*, las impresiones latentes que crean están impregnadas de uno de los cuatro siguientes sufrimientos como corolario: el egoísmo, el deseo, el rechazo o el apego a la vida.

Comprender que el sufrimiento está en todas partes, escribe Patáñjali, es de sabios, incluso en las experiencias placenteras que anhelamos. La felicidad suprema no se encuentra en las cosas externas e impermanentes. Cada goce transitorio que experimentamos genera un doloroso apego. Además, las constantes transformaciones de la naturaleza son estresantes de una manera subliminal, están desafiando sin cesar la idea que el yo tiene de sí mismo como una entidad perdurable. Y en cualquier momento las impresiones latentes pueden activarse y aflorar en forma de deseo, miedo, ira o sufrimiento.

Sin embargo, como se ha visto antes (I, 21), Patáñjali no aborda con pesimismo el problema del sufrimiento omnipresente, ya que insiste en que podemos romper su ciclo de causa y efecto unciendo la atención a la causa del sufrimiento: el no ver la verdadera naturaleza de la pura conciencia y su independencia del mundo fenoménico.

17 La causa evitable de todo este sufrimiento es la aparente indivisibilidad de la pura conciencia y de aquello que contempla.

18 Aquello que la pura conciencia contempla, en concreto el mundo fenoménico, personifica las cualidades de la luminosidad, la actividad y la inercia; incluido a uno mismo, compuesto de los elementos y los sentidos; y esa contemplación es la base tanto de la experiencia sensorial como de la liberación.

19 Todas las clases de seres —indiferenciados, diferenciados, indistintos y distintos— son las manifestaciones de las cualidades fundamentales de la naturaleza.

20 La pura conciencia es simplemente la misma percepción; aunque sea pura, normalmente parece funcionar por medio de la mente perceptiva.

21 En esencia, el mundo fenoménico existe para revelar esta verdad.

22 Una vez revelada, el mundo fenoménico ya no aparece como tal, aunque sigue existiendo como una realidad común a todos los otros seres.

23 En virtud de la aparente indivisibilidad entre la pura conciencia y el mundo fenoménico, éste parece poseer los poderes de la pura conciencia.

24 No ver las cosas tal como son es la causa de este fenómeno.
25 Al alcanzar la realización, la aparente indivisibilidad desaparece, revelando que la pura conciencia es libre y que los fenómenos no le afectan.
26 La aparente indivisibilidad que existe entre el observador y lo observado se elimina cultivando una ininterrumpida distinción entre la pura conciencia y aquello que contempla.
27 En el nivel último de la distinción, la sabiduría se extiende a los siete aspectos de la naturaleza.

Patáñjali explica ahora las diferencias que existen entre la pura conciencia y el mundo fenoménico. Las características del mundo, que abarca toda la creación, incluyendo la mente, son proyectadas por las siempre cambiantes proporciones de las cualidades fundamentales, o *gunas,* en diversos grados de definición y de sutileza. La mayor parte de la creación es, en realidad, una energía indiferenciada invisible a los sentidos. Y el resto de la naturaleza es manifiesta, o diferenciada, la mente se compone sólo de una pequeña porción de ella. En cambio, la experiencia consciente se compone de propiedades indistintas, como el sentido del «yo», y de fenómenos distintos, como las percepciones y los pensamientos. Patáñjali introduce estas clasificaciones empleando diferentes términos, definiendo los objetos como sutiles o burdos (véase el comentario del aforismo I, 45).

Sin embargo, la pura conciencia no se corresponde en modo alguno con las categorías o comportamientos de la naturaleza. Es inmutable y no puede considerarse manifiesta o inmanifiesta. Es la que contempla en soledad y carece de contenido. Por tanto, el mundo fenoménico de la mente ha de ser la etapa no sólo para la experiencia terrenal del nacimiento, la vida, la muerte y el renacimiento, sino también para la realización. Patáñjali, reconociendo este hecho, afirma que el principal propósito del mundo fenoménico es reflejar la verdadera naturaleza de la pura conciencia para que uno pueda percibirla.

Cuando esto ocurre, las apariencias del mundo fenoménico cambian. Al igual que tantas otras transformaciones detalladas en los *Yoga sutra*, este cambio de las apariencias debe percibirse directamente. Del mismo modo que las palabras pueden describir la música pero no transmitirla, la mente no puede captar totalmente la transformación ni tampoco puede explicarse por medio de palabras ni conceptos. Si así fuera, la realización se podría alcanzar sólo leyendo libros y Patáñjali no sugiere en ninguna parte que sea así. Al contrario, cada nuevo paso en el proceso yóguico implica desprenderse más aún de la actividad cognitiva para poder conocer directamente las cosas tal como son (véase por ejemplo, I, 43). Las palabras son engañosas, nos convencen de que ellas son las cosas que simplemente simbolizan y hacen que nos quedemos atrapados en nuestros propios condicionamientos.

Patáñjali reconoce que nada puede sustituir el acto de conocer directamente, pero su decisión de componer los *Yoga sutra* demuestra, sin embargo, que creía que las palabras pueden servir para fortalecer la percepción directa y preconceptual, incluso la relacionada con los estados trascendentales de la mente que están más allá del pensamiento. Patáñjali parece haber compuesto los *Yoga sutra* pensando en los yoguis practicantes, ya que esperaba que les sirviera para organizar y esclarecer el conocimiento directo que habían adquirido a través del yoga.

Para Patáñjali el mundo no es imaginario como algunos de sus coetáneos creían, sino real. Aunque las apariencias del mundo cambien para las personas iluminadas, el resto de nosotros seguiremos viéndolo del mismo modo que siempre, hasta que decidamos también practicar yoga para destruir la *avidya*, o la incapacidad fundamental de ver las cosas tal como son (II, 4).

Patáñjali atribuye esta incapacidad a una curiosa afinidad entre la naturaleza *(prákriti)* y la pura conciencia. Aunque la realización revele que son mutuamente exclusivas, la naturaleza y la pura conciencia mantienen una relación a través de la mente que Patáñjali denomina indivisibilidad, o *samyoga*. En esta relación la pura conciencia es totalmente invisible, está encubierta por la vibrante manifestación representativa del mundo fenoménico que se forma en la mente. Por tanto, la mente, que surge de la *prákriti*, se toma a sí misma por la entidad que contempla el mundo fenoménico. Pero como Patáñjali señala en el aforismo IV, 19, la mente no es más que una manifestación, en realidad no puede verse a sí misma y su contenido sólo es visible para la pura conciencia.

La consumada habilidad yóguica para poder ver este hecho se llama discernimiento, o *viveka*. El cultivo del *viveka* requiere una constante práctica, o *abhyasa*, consistente en uncir la atención a la diferencia que existe entre la mente y la pura conciencia, y en la no reacción —*vairagya*— del yogui, aplicada para alcanzar una profunda quietud al no reaccionar ante cualquier contenido mental, como pueden ser las sensaciones, los pensamientos o los sentimientos. La presencia de la pura conciencia puede captarse sólo cuando los movimientos internos y externos del cuerpo-mente han cesado por completo.

Viveka es la realización acumulada grano a grano que empieza a surgir de la no reacción *(vairagya)* y de la interiorización. Una vez que el yogui ve con claridad que no está contemplando un objeto per se, sino el conocimiento que tiene de él, el objeto deja de crear en la mente unos patrones familiares de reacción, con lo que su «yoidad» se debilita hasta el punto que puede verse que carece de una conciencia intrínseca.

Viveka se escabulle a través de las grietas del pensamiento. Al igual que sucede con la música, se puede pensar en el *viveka* o leer sobre él, pero sólo es real cuando se conoce de manera directa. Es fundamental, por tanto, no intentar captarlo mentalmente, ya que el sentido del yo, *asmita,* está casi siempre presente de manera sutil e impide detectarlo, porque siempre reclama la experiencia vivida y siente el impulso de «poseerlo» todo, incluso las percepciones no mentales. La única forma en que *viveka* puede surgir es cuando el torbellino de pensamientos ha cesado.

Cuando la mente considera sobre todo la *idea* del discernimiento, tiende a enmarcarla como una comparación entre dos entidades tangibles, como si sostuviera una manzana en una mano y una naranja en la otra. Sin embargo, *viveka* es la capacidad de distinguir la pura conciencia totalmente intangible en una mano, de aquello que puede sentirse, en la otra. Por tanto, al principio *viveka* sólo puede experimentarse con relación a lo tangible. La pura conciencia no puede captarse, sólo puede reconocerse por medio de aquello de lo que carece, hasta que la mente volviéndose como un espejo, alcanza una quietud tan transparente que sus propiedades se parecen a las de la pura conciencia. Esta quietud sólo puede desarrollarse cuando las impresiones latentes ya no se activan ni producen (*nirbija-samadhi,* I, 51; III, 8).

Viveka no es un fenómeno que surja de golpe, sino que se va desarrollando por etapas, es como aprender a leer. Por ejemplo, no hace falta ser un erudito para reconocer que la hilera de letras de una página puede estar llena de significado. Incluso un niño pequeño puede reconocer las letras del alfabeto y leer quizá algunas pocas palabras. De la misma manera, a medida que el yogui desarrolla el discernimiento, empieza a advertir que determinados pensamientos, sensaciones o sentimientos son simplemente lo que son y carecen de una conciencia intrínseca o de permanencia. Mientras tanto, sigue sintiendo la mayoría de los otros pensamientos, sensaciones y sentimientos como «míos». Pero, a medida que el discernimiento se vuelve más profundo, el yogui puede ver cada vez más elementos de su propia experiencia tal como son, y experimenta la creciente sensación de que la pura conciencia que subyace en esa clase de apariencias es distinta de ellas.

Patáñjali no fue el primer autor que encomió el principio yóguico del discernimiento ni el que lo describió en unos términos parecidos. En el siglo XIV a. C. Yajñavalkya, un ilustre sabio upanisádico, definió con una formulación negativa el *Brahman* como *neti neti:* «¡ni (es) esto ni aquello!». *Viveka* también equivale al reconocimiento de la vacuidad, o *sunyata,* tal como lo describe Siddharta Gautama, el Buda, al percibir que los pensamientos, las sensaciones y los sentimientos carecen de yo. Está clarísimo que tanto para Patáñjali como para el Buda todas las experiencias carecen de un yo y son momentáneas.

Según el *yoga-dársana,* la pura conciencia no está sujeta a las limitaciones de la materia. Cuando el *púrusa* ya no está encubierto por los torbellinos de la mente y conoce su propia naturaleza, es capaz de percibir cada esfera de la *prákriti,* o creación. Aunque Patáñjali no lo especifique, podría estar refiriéndose a los siete aspectos de la *prákriti* enumerados en el *samkhya:* la inteligencia *(buddhi),* el ego *(ahamkara),* la mente sensorial *(manas),* los sentidos internos sutiles *(tanmatras),* los sentidos externos, los órganos de la acción y los elementos burdos, en total veinticuatro categorías. Es decir, el *púrusa* tiene el potencial de ver más que el *citta,* el aspecto consciente de la naturaleza constituido por la inteligencia, el ego y la mente sensible. Patáñjali ya había atribuido esta omnisciencia a *isvara* (I, 25) y es la base de muchos de los poderes extraordinarios mencionados en el capítulo 3.

28 Cuando se practican los componentes del yoga, las impurezas disminuyen; entonces brilla la luz de la comprensión, iluminando el camino hacia la conciencia discernidora.

29 Los ocho componentes del yoga son la disciplina externa, la disciplina interna, la postura corporal, el control de la respiración, la introspección, la concentración, la absorción meditativa y la integración.

De la misma manera que el Buda propuso el Noble Óctuple Sendero como el camino para poner fin al sufrimiento, Patáñjali concibió el programa de yoga como un proceso holístico formado de ocho componentes. *Astanga-yoga* significa literalmente «unción de los ocho miembros», cada uno de los cuales se concibió para tratar un distinto aspecto o umbral del ser. Las disciplinas externas le limitan a uno en el mundo externo, como en relación a los objetos y a los otros seres, mientras que las disciplinas internas canalizan las energías hacia la realización. Cultivar una estable y atenta postura meditativa fija la atención en el campo de las sensaciones corporales, con lo que la perspectiva del yogui se interioriza y puede gozar de un extraordinario grado de relajación. El control de la respiración reduce el campo de observación y profundiza la relajación al poner al descubierto y contrarrestar la tendencia humana a respirar para activar inconscientemente los estados mentales turbulentos. Observar las sensaciones corporales mientras uno permanece sentado y respira favorece la retracción de los sentidos, con lo que la atención se dirige hacia el interior. La concentración une la corriente perceptiva canalizándola hacia un solo objeto o campo. La absorción meditativa representa un grado tan elevado de inmersión en el objeto o campo elegido, que las percepciones no relacionadas con él dejan de surgir. Y por último, la integración es el logro que consiste en uncir el sujeto al objeto, en este estado la mente y sus productos —las sensaciones, pensamientos y sentimientos— se perciben como una sola cosa, su unidad se refleja en la fusión (*samapatti*, I, 41).

Patáñjali utiliza la palabra *angam*, o «miembro», para describir cada uno de los componentes de su programa de yoga. Estos ocho componentes, al igual que los miembros de un animal, actúan juntos de manera coordinada. Estructuralmente el *astanga-yoga* va dirigido a los ocho estratos del ser y en él se abandona un punto de vista externo para adoptar otro interno. En este sentido, el camino recorrido puede concebirse como un viaje interior, ya que atraviesa todas las capas del ser a medida que el yogui se va alejando poco a poco de la identificación que mantiene con el mundo fenoménico del yo y los objetos, y se va acercando a la primordial realidad de la pura conciencia. Al mismo tiempo, las fronteras del ser están interconectadas, al trabajar cada una de ellas se está apoyando el desarrollo de las demás. En este sentido, en el *astanga-yoga* se han de cultivar los ocho aspectos simultáneamente.

Aunque el programa yóguico de Patáñjali pueda considerarse una progresión desde un miembro a otro, cada uno de ellos se desarrolla al mismo tiempo que los demás. Por ejemplo, la postura corporal, el control de la respiración, la concentración y la absorción meditativa se apoyan mutuamente. En la postura meditativa (*asana*, II, 46) sólo se alcanza un nivel de estabilidad y calma proporcional a la realización adquirida a través del sin esfuerzo, tanto postural como respiratorio (*pranayama*, II, 49). El sin esfuerzo se alcanza sólo a través de fijar la atención (*dharana*, III, 1) en las sensaciones que surgen mientras el yogui permanece sentado, respira y está totalmente absorto meditando (*dhiana*, III, 2) en ellas hasta alcanzar la fusión (*samapatti*, I, 41). Entonces, dice Patáñjali, el yogui ya no es agitado por dualidades tales como yo/otro o placer/dolor.

Además, los miembros son interactivos y dinámicos. A medida que la concentración se vuelve más profunda, en un momento dado es perturbada de manera inevitable por una impresión latente (*samskara*) que aflora como un pensamiento o una acción. Al advertirlo, el yogui ha de volver a concentrarse enseguida en las sensaciones del cuerpo, en la respiración (*asana, pranayama*) y en ver cómo la mente se calma. Cada etapa de estos movimientos de vaivén puede durar una fracción de segundo o varios minutos, depende de la profundidad y la sutileza de la práctica en ese momento.

Con frecuencia se supone que cuando Patáñjali cita la *postura corporal (asana)* y el *control de la respiración (pranayama)* se está refiriendo a los movimientos y a los ejercicios respiratorios del hatha yoga practicados extensamente en la actualidad. De lo que se podría deducir que Patáñjali consideraba que dominar el hatha yoga era un prerrequisito indispensable para la integración. Sin embargo, como he dicho desde el principio, la mayor parte del hatha yoga no se concibió probablemente hasta el siglo IX o X, muchos siglos después de componerse los *Yoga sutra*, y es casi seguro que Patáñjali no lo conocía.

Sus formas de *asana* y *pranayama* eran mucho más sencillas, constituían los umbrales físicos y respiratorios del proceso de unción colindantes con los otros seis niveles, y cuyo único propósito era servir como vehículos para la interiorización y la calma.

30 Las cinco disciplinas externas son el no dañar, la veracidad, no robar, la continencia y el desprendimiento.

31 Estas disciplinas universales trascienden la casta, el lugar, la época y las demás circunstancias del practicante, y constituyen el gran voto del yoga.

32 Las cinco disciplinas internas son la purificación física, la aceptación [o contentamiento], una intensa disciplina, el estudio de sí mismo y la dedicación al ideal del yoga.

33 Los pensamientos poco sanos se neutralizan cultivando los sanos.

34 Se puede actuar movido por pensamientos poco sanos: como desear hacer daño a alguien, infundir esa clase de pensamientos en los demás o aprobarlos. Los pensamientos poco sanos surgen de la codicia, la ira o la ilusión, y pueden ser ligeros, moderados o extremos, pero nunca cesan de madurar en ignorancia y sufrimiento. Por eso hay que cultivar los pensamientos sanos.

El primer componente de los «miembros» del yoga son las disciplinas externas *(yamas)* y las disciplinas internas *(níyamas)*, cada una de las cuales se compone de cinco virtudes. Todas ellas son universales y trascienden el sexo, la edad, la posición social u otras consideraciones temporales.

Las disciplinas externas, o *yamas*, son la forma en que nos uncimos con el mundo, y esta relación que mantenemos con él incluye no sólo los objetos, sino también los seres. Los *yamas* guían nuestras acciones para que sean beneficiosas para todo tipo de vida. Además, el «gran voto» es más práctico que altruista, como Patáñjali explica más adelante, ya que los *yamas* benefician tanto al individuo como a la sociedad, cada uno de sus aspectos nos conducen a la ecuanimidad y la clara visión al eliminar una serie de distracciones.

Cuando elegimos seguir los *yamas*, estamos en realidad rechazando el deseo natural humano, que se aprecia desde la infancia, de recibir unas gratificaciones inmediatas colmando nuestros deseos con las cosas exteriores. Aunque durante la infancia aprendamos a controlar los impulsos para respetar los códigos de conducta de la sociedad, cada cultura aprueba alguna forma de violencia, engaño, apropiación, hedonismo y avidez. Al hacer el «gran voto» de los *yamas* nos apartamos del resto al ser fieles a unos modelos más elevados.

La vida interior de cada ser humano es visitada por toda clase de pensamientos poco sanos. Patáñjali no acusa a nadie por ello, ya que no lo considera un pecado sino un estado natural surgido de las leyes de causa y efecto. No obstante, insiste en que sólo uno mismo tiene el poder de neutralizar los pensamientos poco sanos cultivando los sanos en su vida. Si no lo hacemos, los pensamientos poco sanos acabarán manifestándose de alguna forma y contribuyendo al ciclo de sufrimiento.

Por esta razón, los *yamas* no han de considerarse unos mandamientos morales, sino una manera hábil de relacionarse con el mundo sin aumentar más aún su sufrimiento o el nuestro.

35 Asentarse con firmeza en la no violencia crea un ambiente en el que los demás pueden abandonar su hostilidad.
36 Para los que se asientan con firmeza en la veracidad, cada acción y las consecuencias que provoca están impregnadas de la verdad.
37 Los que no sienten la inclinación de robar tienen a su alcance algo realmente precioso.
38 El casto adquiere vitalidad.
39 La ausencia de deseos revela el verdadero propósito de la existencia.

Adquirir el compromiso de no dañar, o *ahimsa,* crea paz en nuestro entorno interior porque nos volvemos más sensibles a las formas de manifestar una sutil violencia con la mente y el cuerpo. *Ahimsa* también genera un poderoso efecto exterior, haciendo que todos los que nos rodean se sientan seguros y se desprendan de sus armas y defensas. Del mismo modo, nuestra veracidad hacia nosotros mismos y los demás *(satya)* no sólo ennoblece las propias acciones, sino que además elimina la presión que podemos sentir al temer decepcionar a los que nos rodean.

Cuando abandonamos el deseo de apropiarnos de los bienes de otra persona *(asteya)*, nos beneficiamos tanto como ella o quizás más aún. Ya que mientras ella sigue identificada con sus bienes y apegada a ellos, con el sufrimiento que esto comporta, nosotros comprendemos que lo realmente precioso se encuentra a nuestro alrededor, con lo que podemos relajarnos y aceptar el mundo tal como es. Ésta es la base para seguir la disciplina interior del *santosa*, o «aceptación».

Sean cuales sean los medios utilizados para adquirir algo, el anhelo de acumular cosas se basa en la arraigada creencia de que los objetos exteriores pueden hacernos felices. Liberarnos de los deseos *(aparigraha)* nos permite buscar la verdadera fuente de la felicidad, que es la sabiduría, o *prajña*.

Y, por último, actuar de manera impecable *(brahmacarya)* en todos los ámbitos de la conducta, incluyendo el de la sexualidad, invierte la enorme cantidad de energía psicológica que perdemos subliminalmente cuando los apegos nos impulsan a abusar de nosotros mismos o de los demás. Patáñjali señala en el aforismo I, 20 que la energía es esencial en el camino de la realización. Según él, el precio que hemos de pagar por nuestra conducta errónea es inconcebible, ya que cada digresión siembra una impresión latente, o *samskara*, que acaba germinando en más acciones ignorantes y en los *samskaras* resultantes, creando un eterno ciclo de sufrimiento.

Patáñjali explica a continuación las disciplinas interiores, o *níyamas*, cada una de ellas unce un aspecto del ámbito personal al proceso de la realización.

40 Mediante la purificación corporal el cuerpo deja de actuar compulsivamente, y se comporta del mismo modo en su contacto con los demás.
41 La purificación también genera claridad, felicidad, concentración, dominio de los sentidos y consciencia.
42 La aceptación produce una ilimitada alegría.
43 A medida que la intensa disciplina va quemando las impurezas, el cuerpo y los sentidos se van purificando en sumo grado.
44 El estudio de sí mismo profundiza la comunión con la deidad personal de uno.
45 Al orientar la mente hacia el ideal de la pura conciencia, se alcanza la integración.

La purificación, o *sauca,* tiene que ver tanto con el aspecto físico de adoptar una dieta e higiene adecuadas, como con el de la pureza mental que se cultiva reemplazando los pensamientos poco sanos por pensamientos sanos. A medida que la *sauca* tiene lugar, la relación que el yogui mantiene con el cuerpo, ya sea con el suyo o con el de otra persona, deja de estar marcada por la apremiante necesidad que caracteriza al apego. Es un importante aspecto de la unción, ya que la disminución del apego le permite expandir la concentración y la tranquilidad.

La aceptación *—santosa—* produce alegría no sólo porque da una momentánea sensación de seguridad, sino porque al abandonar el apego hacia las cosas exteriores, que es la fuente de la felicidad, podemos vivir en el momento presente.

La intensidad, o *tapas* (literalmente «calor»), significa tanto la ascesis como la adquisición de un ferviente compromiso. Aunque algunas antiguas escuelas de yoga recomendaban mortificaciones tales como el ayuno, por lo visto Patáñjali sólo se está refiriendo a los rigores adoptados para prolongar la quietud del cuerpo-mente. *Tapas,* al igual que la purificación *(sauca)*, actualiza el compromiso adoptado por el yogui para conocer la libertad al desenredarse de los apegos, cortando sus zarzillos uno a uno. Cada vez que el yogui advierte un impulso que le distrae pero no lo sigue, lo está observando y trascendiendo, con lo que gana energía y se acerca un poco más a la conciencia discernidora.

El estudio de sí mismo *(svadhyaya)* se refiere no sólo al estudio regular e independiente y a la recitación de las enseñanzas de la sabiduría, sino sobre todo a la forma en que el yogui lo aplica en su vida. No basta con captar de manera intelectual y conceptual las ideas asociadas con la tradición, sino que además hay que «actuar» poniéndolas realmente en práctica. Patáñjali recomienda intentar seguir la guía de los que ya están en una etapa avanzada del despertar, evaluar si uno está progresando (I, 30) y actuar de acuerdo a ello.

Isvara-pranidhana, o dedicarse al ideal de la pura conciencia, tiene muy poco que ver con la emoción de la devoción. *Pranidhana* (literalmente «aplicación», «alineación») consiste más bien en orientar la mente para que cada pensamiento, palabra o acción apoye la meta de conocer la pura conciencia, o *púrusa. Isvara* es el hito que nos señala la sabiduría *(prajña)*, es decir, el conocimiento de la existencia de nuestro propio *púrusa* individual, al cual se accede aquietando el cuerpo-mente (I, 23-29). Cuando el yogui se sienta en calma, se entrega a cada momento al *pranidhana* —dejando que la naturaleza (*prákriti*) se manifieste como le plazca, sin apegarse ni rechazar nada—, con lo que adquiere la visión de la pura conciencia. *Isvara-pranidhana* le proporciona el centro de atención al que continuamente regresa a lo largo de la práctica (*abhyasa*) y la inspiración necesaria para cultivar la no reacción (*vairagya*, I, 12-16). Y, al final, al igual que el yogui concibe a *isvara* como totalmente independiente de la naturaleza (*prákriti*), llega a percibir su propia conciencia (*púrusa*) alzándose «a solas»* (*kaivalya*, II, 25).

Estos tres últimos *níyamas* —la intensidad, el estudio de sí mismo y la orientación de la mente hacia la pura conciencia— constituyen la acción yóguica, o *kriya-yoga*. El camino que conduce a la liberación, insiste Patáñjali, es el camino de la acción y si el yogui desea alcanzar la realización, debe adoptar estas tres disciplinas.

46 Las posturas meditativas deben encarnar la estabilidad y la serenidad de ánimo.

47 Este estado se da cuando todo esfuerzo se relaja y surge la fusión, revelando que el cuerpo y el universo infinito son indivisibles.

* Este término es difícil de traducir. Designa el estado que el alma alcanza cuando se reconoce perfecta e independiente de todo, tanto de los dioses como de los átomos. (*N. de la T.*)

48 Entonces ya no le afectan más a uno las dualidades de los opuestos.

La postura corporal, o *asana,* es el aspecto físico del sistema holístico de Patáñjali. Aquí el término sólo se refiere a las posturas adecuadas para mantener una prolongada inmovilidad. Las actitudes agotadoras, asimétricas, intensas o poco estables del cuerpo son inadecuadas para ello, ya que tienden a agitar la mente y causar fatiga. *Asana* tradicionalmente se refiere también al asiento o cojín usado para sostener el cuerpo. A la mayoría de tipologías corporales les cuesta alcanzar un nivel de estabilidad y de serenidad acorde con el *samadhi* sin esta clase de apoyo. Incluso Siddharta Gautama, un experimentado y consumado yogui que vivió seis o siete siglos antes de Patáñjali, confeccionaba siempre con hierba un cómodo y denso cojín antes de sentarse y entrar en el estado de contemplación que le condujo al despertar.

Para que el *asana* sea un miembro del yoga de Patáñjali, debe encarnar la estabilidad *(sthira)* y la serenidad de ánimo *(sukha)* no sólo en el sentido activo y externo, como al elegir la postura corporal y el apoyo más adecuados para entrar en una profunda quietud, sino también en el sentido receptivo e interior. A cada momento el yogui ha de dejar que esa estabilidad y serenidad de ánimo aumenten, incluso cuando cada nueva oleada de sensaciones que surge en la mente desvíe su atención y le amenace con desconcentrarlo del presente.

Patáñjali identifica dos factores que producen *sthira-sukha.* El primero consiste en relajar incluso los esfuerzos más sutiles del cuerpo, la mayoría de ellos surgen de manera subliminal de los sufrimientos de una u otra clase y fomentan la inestabilidad. *Asana* es una ventana que nos muestra algunos de nuestros condicionamientos más profundos y los sufrimientos que generan. El yogui para poder relajarse ante las cosas tal como son, ha de renunciar al menor vestigio del arraigado deseo de sentirse bien. Este deseo ha sido configurado por sus más queridas ideas sobre lo que es bueno y malo, así como por las arraigadas percepciones orgánicas de placer, dolor e indiferencia. Ambos estratos están condicionados, uno por las acciones y reacciones pasadas, y el otro por las fuerzas que combinadas han creado el organismo humano. Relajar el esfuerzo significa abandonar las limitadoras definiciones interiores. En pocas palabras, en el *asana* el yogui apenas debe esforzarse para poder sacar el mayor provecho.

El segundo factor es la aparición de la fusión (*samapatti,* I, 41), que disuelve el continuo estrés generado por el deseo, el rechazo, el egoísmo y el apego a la vida al despojar esos sentimientos de su aparente sustancialidad. A medida que el esfuerzo se transforma en sin esfuerzo, el yogui percibe con más claridad la relación que existe entre el cuerpo y la mente. Al permanecer sentado en meditación descubre que gran parte de los micromovimientos del cuerpo no son más que la manifestación exterior de su reactividad, y que la creciente quietud física del *asana* encarna la calma de la superficie de la mente. A medida que se va calmando, la superficie de la mente se vuelve como un espejo y todas las cosas —el sujeto, el objeto y el acto de percibir— se reflejan por igual en ella en el *samapatti.*

Ahora el yogui no detecta ninguna diferencia esencial entre el dolor y el placer, lo interno y lo externo, él y los demás, o otras dualidades. Y al mismo tiempo percibe su propio cuerpo y el mundo exterior, normalmente experimentados como dos cosas distintas por la forma en que el sentido del yo separa al cuerpo del resto del universo, como unas apariencias que surgen de la misma sustancia fenoménica. En pocas palabras, el *samapatti* es el estado que empieza a eliminar las causas de sufrimiento procedentes de las distinciones que necesitan ejercer su poder ilusorio (II, 10; II, 11), y que culmina en la realización.

Para que se den estos factores —la relajación del esfuerzo psicosomático y la fusión en el *samapatti*— a fin de acceder a las partes más sutiles de uno y estabilizarlas, en general es necesario permanecer inmóvil durante largos espacios de tiempo. A medida que las sensaciones, los pensamientos y los sentimientos evolucionan a lo largo de los minutos o las horas que el yogui permanece sentado en quietud, éste acaba afrontando de manera inevitable unos nuevos niveles inesperados de intensidad o de inquietud. Para no dejarse abrumar por el rechazo o las dudas, ha de aplicar entonces continuamente el *abhyasa*, el sutil esfuerzo de volver una y otra vez a la relajación y la fusión. En la vida cotidiana solemos reaccionar a las experiencias interiores molestas con alguna clase de acción evasiva que suele ser subliminal, como puede ser trasladar el peso del cuerpo, rascarnos, intelectualizar la experiencia o responder de alguna otra forma parecida. En cambio, aquí *abhyasa* significa confiar en la posibilidad de que *esto puede conocerse sin sufrir*, aunque «esto» surja en ese mismo instante. Es decir, para alcanzar el sin esfuerzo es necesario aplicar una clase especial de esfuerzo.

A medida que el aquietamiento aumenta, uno puede cuestionarse si siempre es acertado hacer pequeños ajustes en el cuerpo. Para abandonar realmente el esfuerzo, es conveniente responder de vez en cuando a los inevitables cambios que ocurren cuando el sistema neuromuscular afloja el control ejercido sobre el esqueleto y el sistema respiratorio. En esos momentos «apilar» suavemente las vértebras con una mayor verticalidad fomenta el sin esfuerzo. Sin embargo, hay que saber distinguir esta acción de los retorcimientos y movimientos compulsivos del cuerpo, una táctica habitual para evitar el sufrimiento, o *duhkha*.

El sin esfuerzo infunde una sensación única de libertad. A medida que el yogui se relaja, la conciencia empieza a distinguir las deliberadas contracciones del deseo o el rechazo de los movimientos espontáneos y no deliberados de la energía que forman el telón de fondo del ser. La mayoría de los movimientos activos del cuerpo son aprendidos, proceden de unas conductas condicionadas a lo largo de unas frecuentadas rutas neuromusculares, adaptadas para apegarse a lo agradable o rechazar lo desagradable. La quietud es un reflejo de la creciente actitud abierta del yogui ante el imprevisible despliegue del mundo tal como es, es liberarse del constante esfuerzo de intentar manipular las cosas para que encajen con las ideas condicionadas de uno sobre lo que es bueno y malo.

Esta actitud puede extenderse más allá del cojín de meditación. La creciente familiaridad con las experiencias sutiles internas que el yogui va adquiriendo le ayuda a reconocer las formas en que su cuerpo-mente se contrae ante el dolor, el retraso, el deseo y otras características de la vida cotidiana. Empieza a percibir antes el proceso que experimenta de tensarse fuertemente ante cualquier dificultad, desacuerdo o frustración. Lo cual le permite relajarse, advirtiendo que esta actitud personifica el deseo de conocer el momento presente con más claridad y aceptación. Empieza a darse cuenta que no siempre es negativo hacerlo. Cuando uno afloja las válvulas parece siempre que las cosas empiezan a resolverse y que la sabiduría entra, lo que da tanto la libertad de actuar como la de no actuar.

49 Al relajar el esfuerzo, el flujo de la inspiración y la espiración se aquieta; lo cual se denomina controlar la respiración.
50 Al observar la duración, el número y la región de actividad de los movimientos respiratorios —la inspiración, la espiración y la pausa—, la respiración se vuelve amplia y sutil.
51 A medida que la realización aparece, la distinción entre la inspiración y la espiración desaparece.
52 Entonces se aparta el velo que cubría la luminosidad de la mente.
53 Y la mente está ahora preparada para la concentración.

El aspecto respiratorio de la unción se llama controlar la respiración, o *pranayama*. Pero al igual que el *asana*, el *pranayama* surge al hacer el mínimo esfuerzo físico. Al citar el *pranayama* Patáñjali se estaba probablemente refiriendo a una práctica mucho más sencilla que los complejos y en ocasiones agotadores patrones de las prácticas tántricas posteriores. En vista de ello, en la actualidad el *pranayama* (literalmente «energía del hálito» acompañado de «disciplina, control») suele considerarse un conjunto de prácticas en las que se controla de manera consciente la respiración y sus energías para respirar con unos determinados patrones. Sin embargo, Patáñjali destaca otro aspecto: en su lugar describe el proceso a través del cual la continua y relajada observación de la respiración produce unos cambios naturales y espontáneos en sus cualidades, con lo que el practicante experimenta los niveles más profundos de concentración y de aquietamiento del cuerpo-mente, o *nirodha.*

Patáñjali ha señalado que las acciones a menudo sólo manifiestan deseo o rechazo y que, por tanto, siembran las semillas de un futuro sufrimiento (II, 12-14). Lo mismo ocurre con las energías de la respiración, cuyos descontrolados movimientos parecen no sólo seguir un ritmo fijado por el estado interno reinante, sino además alimentarlo y fortalecerlo. La energía de la respiración no se domeña o «controla» intentando imponerle un patrón, sino mediante la continua observación de sus cualidades, las cuales Patáñjali enumera. Sea cual sea el aspecto observado de la respiración —su duración, número o región de actividad— el efecto es hacer que aquello que es inconsciente se vuelva consciente. Los ritmos de la respiración dejan de estar dictados por los torbellinos internos de la mente y la respiración observada empieza a tranquilizarse y prolongarse en cada una de sus fases. Al mismo tiempo, el yogui mientras respira hace espontáneamente una pausa después de la inspiración y la espiración. Esta forma de respirar también puede dirigirse con suavidad, y aunque Patáñjali nunca explique cómo hacerlo, advierte que dejar que se dé una pausa después de la inspiración o la espiración facilita el asentamiento de la mente (I, 34). Aun así, la continua observación de la respiración es suficiente para provocar unos cambios naturales en la forma y la textura de la misma. En realidad, ninguna clase de esfuerzo consciente y deliberado produce una respiración tan suave y tranquila como la que aparece de manera natural por medio de una continua observación. Y a medida que la respiración se va volviendo inconcebiblemente amplia y sutil, deja de ser el entorno adecuado para los estados mentales agitados.

Al principio, en las inestables apariciones del *samapatti*, el yogui siente cómo cualquier perturbación de la respiración corre parejas con la momentánea interrupción de la fusión. Estas perturbaciones suelen surgir al activarse una impresión latente, o *samskara*, que aflora en forma de alguna clase de distracción del cuerpo-mente. Aunque la perturbación de la respiración sea el efecto y no la causa de este estado, suele crear o activar otros *samskaras*, iniciando una secuencia de reflexiones y de agitación corporal. Puede verse cómo intentar contener la respiración perpetúa este ciclo.

El *pranayama* de Patáñjali hace cesar este ciclo. Permanecer absorto en el flujo de la respiración, como en cualquier otro objeto, hace que la mente se interiorice y se calme. La creciente quietud de la mente hace que el yogui pueda distinguir los sutiles aspectos de la respiración —las sutiles sensaciones interiores que producen, o *tanmatras*—, y al final se da la fusión. Ahora la manifestación de los opuestos, experimentada como la inspiración, la espiración y la pausa, se iguala, del mismo modo que la continua observación de la experiencia sedente en el *asana* produjo la fusión y eliminó las distinciones entre lo individual y lo universal. Cuando la fusión se estabiliza en la realización —el «cuarto estado», *caturtha,* los otros son andar, dormir y soñar—, las fases de la respiración pueden llegar a desaparecer. En realidad, el yogui en *samadhi* puede dejar de respirar durante varios minutos.

Aunque semejante hazaña parezca mágica, su propósito es liberador. Cuando la superficie de la mente no es agitada por la respiración ni por los movimientos del cuerpo, se vuelve lo suficientemente clara como para reflejar la pura conciencia, percibirla y ver con claridad la verdadera naturaleza del ser. Desde el punto de vista del yoga y del *samkhya,* la facultad de la mente de volverse transparente y reflexiva surge de una cualidad fundamental llamada *sattva,* que siempre está presente en un cierto grado, pero que predomina en la mente sólo cuando el cuerpo-mente se siente atraído por la quietud. Cuando lo hace, la característica más destacada de la mente es la luminosidad.

54 Cuando la mente se interioriza al desengancharse de los objetos exteriores, los sentidos la imitan; este acto se denomina recogimiento.

55 Los sentidos se dedican entonces por completo al servicio de la realización.

En circunstancias normales los sentidos sirven a las experiencias en lugar de contribuir a la realización. Es decir, son el medio a través del cual el yo se identifica con las experiencias y persigue la felicidad en los objetos externos, formando apegos y rechazos hacia los objetos que encuentra en el mundo exterior. El recogimiento *(pratyahara)* invierte esta actitud. Ahora los sentidos ya no se dejan arrastrar por los dispersadores sonidos, imágenes, olores, sabores o contactos, sino que pueden mantenerse concentrados en la experiencia interior, incluso al observar un objeto exterior, y empezar a verlo con más precisión, como Patáñjali explica al inicio del capítulo 3.

Pratyahara suele surgir cuando el yogui se concentra en los indivisibles campos sensoriales que fueron los objetos en los dos miembros anteriores del yoga: sentarse *(asana)* y respirar *(pranayama)*. Para ser consciente de ellos el yogui ha de reducir el alcance de su atención retirándola del calidoscópico panorama de estímulos multisensoriales para fijarla sólo en esas impresiones que evocan la sensación del cuerpo sentado en reposo en el *asana* y, luego, en el más limitado campo de las energías de la respiración.

Con el *pratyahara* el yogui cruza el umbral de la interiorización (I, 29) y empieza a contemplar los objetos no como unas cautivadoras realidades externas, sino como unas apariencias que surgen en el interior. A medida que los objetos exteriores dejan de atraerle, el yogui puede fijar la atención con más facilidad en un objeto o campo elegido, y viceversa. Sólo cuando ha trascendido por completo las distracciones exteriores, puede desarrollar el grado de concentración y absorción meditativa necesario para descubrir que siempre está contemplando el conocimiento que tiene de un determinado objeto y no el objeto en sí. Ésta es la base del *viveka,* o la distinción entre la pura conciencia y aquello que contempla.

Patáñjali no niega en ninguna parte que los sentidos o los objetos de los mismos sean maravillosos o gratificantes, de hecho en la mayor parte del capítulo 3 se dedica a presentar la penetración y el dominio chamánico del mundo fenoménico, pero insiste (II, 18-21) en que el principal propósito y la fuente de la felicidad duradera es la realización. En los capítulos 3 y 4 describe la realización con más detalle.

3

Los poderes extraordinarios

Patáñjali, o quizá un editor posterior, tituló el capítulo 3 «Los poderes extraordinarios» *(vibhuti)*. Una vez la atención se ha interiorizado por medio del recogimiento *(pratyahara)*, los tres últimos componentes de los «miembros de la unción» otorgan al yogui unos poderes preternaturales. Juntos constituyen la «perfecta disciplina» de la mente, o *sámyama*, que puede utilizarse para dominar tanto los fenómenos internos como externos. El poder que más le interesa a Patáñjali es el de la conciencia discernidora, o *viveka*, que surge del *samadhi* y conduce a la realización. Pero también se pueden adquirir muchos otros poderes que tienen que ver con distintos aspectos de la actividad y los intereses humanos. Ésta es la connotación más importante de *vibhuti*, que significa literalmente «aquello que es extensivo».

1 La concentración confina la mente a una sola área.

2 En la absorción meditativa todo el flujo perceptivo se alinea con el objeto elegido.

3 Cuando sólo brilla la naturaleza esencial del objeto, como si careciera de forma, significa que la integración ha surgido.

A medida que el recogimiento (*pratyahara,* II, 54) aparta la atención del reino burdo de las cosas exteriores para dirigirla a lo interiorizado y sutil, la concentración (*dharana*) puede uncir su orientación a cualquier objeto o campo elegido. Cuando la quietud del cuerpo-mente se ha vuelto lo bastante profunda, observa Patáñjali, es posible fijar la atención de una forma increíble (II, 53), ya que la continua observación del cuerpo sedente (*asana*) y de la respiración (*pranayama*) son en sí mismas sumamente concentrativas y uno de sus efectos más importantes es revelar la asombrosa tendencia a distraerse que padecen los modos habituales de la mente. Pero esta tendencia a la distracción sólo puede rectificarse si se reconoce. El «esfuerzo sin esfuerzo» del *abhyasa* se manifiesta aquí tanto en el esfuerzo de concentrarse como en el de abandonar la distracción y, al mismo tiempo, la decisión de no reaccionar (*vairagya*) es el mecanismo a través del cual se atenúan las distracciones de la mente. La concentración, una acción yóguica, y el recogimiento, un efecto de la misma, son interdependientes, cada uno surge con el otro y se apoyan mutuamente.

Asimismo el *dhiana,* o la absorción meditativa, se desarrolla a medida que toda la actividad perceptiva se encauza hacia el área elegida. Cualquier forma de pensamiento (*pratyaya*) que ahora surge se relaciona con el objeto o el campo elegido, con lo que la estabilidad de la atención se fortalece, revelando una cantidad de detalles inauditos. Del mismo modo que a través de la práctica de observar las sensaciones que producen la postura sedente y la respiración se crea el efecto del recogimiento, la absorción meditativa es el efecto final de confinar firmemente la atención a cualquier objeto elegido.

El último miembro del programa de yoga es la integración, o *samadhi*, Patáñjali le dedica la mayor parte del capítulo 1. La mente al haber abandonado sus torbellinos cotidianos, se aquieta adquiriendo la claridad de un espejo, y las distintas entidades como el objeto, el sujeto y el acto de percibir se funden ahora (*samapatti*, I, 41). Las formas y distinciones que habían individualizado a estas entidades desaparecen entonces, quedando sólo su naturaleza esencial, que el yogui reconoce como una unidad.

4 La concentración, la absorción meditativa y la integración con relación a un único objeto constituyen la perfecta disciplina de la mente.
5 Una vez se domina la perfecta disciplina de la mente, surge la sabiduría.
6 La perfecta disciplina se domina por etapas.
7 Estos tres componentes —la concentración, la absorción meditativa y la integración— se interiorizan más que los cinco anteriores.
8 Incluso estos tres componentes son más externos que la integración que no produce semillas.

Con la palabra *yoga* Patáñjali describe un proceso de interiorización que se inicia con la relación que el yogui mantiene con las cosas del mundo exterior, y que prosigue con la relación que mantiene con el yo, el cuerpo, la respiración, la orientación de la atención, la concentración, la absorción meditativa y, por último, la fusión.

Aunque los ocho miembros sean interdependientes y simultáneos, los umbrales a los que se aplica cada uno de ellos se van interiorizando cada vez más, por medio del recogimiento *(pratyahara)* el yogui une lo externo y lo interno y cambia de punto de vista orientando la mente hacia la pura conciencia. La integración sin semillas, o *nirbija-samadhi*, es el supremo logro de la interiorización porque en este estado ya no se crea ninguna impresión latente, o *samskara*, al igual que en el caso de la pura conciencia *(púrusa)*. Mientras se sigan produciendo *samskaras*, acabarán activándose y surgiendo en forma de una acción en el mundo exterior, perpetuando el familiar punto de vista del yo en el mundo.

Como ya he observado antes, cuando la interiorización se profundiza, la mente empieza a reflejar el hecho de que la conciencia no está contemplando un objeto per se, sino los procesos conscientes que están representando el objeto. Son las cualidades de esos procesos interiores —la concentración, la absorción meditativa y la integración— las que ahora se observan y cultivan, aunque estén representando un objeto exterior.

Hay que observar que Patáñjali, o quizá un editor posterior, incluyen estos tres componentes —la concentración, la absorción meditativa y la integración— en el capítulo 3. En conjunto representan un nivel de logro unitario digno de llamarse *vibhuti*, o «poderes extraordinarios». En el camino de la realización se encuentran más allá del umbral, *pratyahara*, que el yogui debe cruzar para entrar en el reino interiorizado y se dice que cuando esos poderes extraordinarios se centran en diversos objetos del mundo exterior, actualizan unos inmensos poderes chamánicos. Sin embargo, Patáñjali deja claro que el único poder en el que hay que fijarse es el de la capacidad de distinguir la pura conciencia del mundo fenoménico: *viveka.* Como la concentración, la absorción meditativa y la integración son unos aspectos interdependientes de un mismo proceso, Patáñjali los denomina con el único nombre de «perfecta disciplina» de la mente, o *sámyama* (literalmente, «contención» «dominio de sí»).

9 La transformación hacia una absoluta quietud se da cuando surgen unas nuevas impresiones latentes que fomentan la cesación para evitar la activación de las impresiones dispersoras almacenadas, y entonces la mente empieza a impregnarse de momentos de quietud.

10 Estas impresiones latentes ayudan a la mente a fluir de un momento de quietud al siguiente.

11 La mente se transforma hasta alcanzar la integración a medida que las distracciones disminuyen y la concentración aparece.

12 Es decir, la mente se transforma hasta alcanzar la concentración a medida que unas percepciones van surgiendo y otras van desapareciendo de manera continua.

En el capítulo 1 Patáñjali advierte que cuando el *samadhi* se profundiza hasta el punto que los pensamientos cesan, la experiencia reflexiva de la mente deja sus propias impresiones latentes (*samskaras*), las cuales impiden la activación de cualquier nuevo *samskara* (I, 50). Patáñjali está describiendo aquí la transformación hacia ese *sa-*

madhi que está teniendo lugar a cada instante. A cada nuevo instante *(ksana)*, la mente está acercándose a la quietud o alejándose de ella. A medida que los instantes en que no se activan los *samskaras* dispersores son cada vez más numerosos, los espacios de tranquilidad empiezan a encadenarse y a fluir juntos.

Patáñjali explica luego cómo los tres componentes de la perfecta disciplina, *dharana, dhiana* y *samadhi*, se desarrollan interdependientemente. A medida que la mente se va impregnando de unos instantes encadenados de quietud cada vez más largos, las distracciones desaparecen y aparece una concentración puntual *(ekagrata)*. La concentración puntual es el canal que conduce a la integración y conlleva tanto la concentración *(dharana)*, confinada a un campo, como la absorción meditativa *(dhiana)*, ya que ahora sólo surgen formaciones mentales relacionadas con el objeto elegido. Cada percepción nueva que aparece es de la misma clase que la anterior, aunque estén separadas por instantes de quietud libres de *samskaras*.

La concentración y la absorción meditativa son distintos aspectos del mismo proceso unitivo, la primera pertenece más al dominio del esfuerzo del *abhyasa*, y la segunda al del *vairagya* (I, 12-16; II, 2; II, 3). Juntas limitan los patrones de la mente *(citta-vritti)* hasta el punto que ésta se vuelve clara como un espejo y el sujeto, el objeto y el acto de percibir se funden (*samapatti*, I, 41).

13 La mente evoluciona a lo largo de las mismas tres líneas —las formas, la duración del tiempo y las condiciones— como los elementos y los sentidos.

14 La sustancia es inmutable, ya sea antes, durante o después de adquirir una determinada forma.
15 Estas transformaciones parecen manifestarse tal como son porque la mente es una sucesión de distintos patrones.
16 Observar estos tres ejes del cambio —las formas, la duración del tiempo y las condiciones— con la perfecta disciplina conduce a percibir el pasado y el futuro.

La visión de Patáñjali de la mente parece coincidir en general con la perspectiva del *samkhya*, o *dársana*. La mente está hecha de la misma sustancia que el resto de la naturaleza, aunque proceda de los tres principios *(tattvas)* que sólo se encuentran en la *prákriti:* la inteligencia *(buddhi)*, el «hacedor del yo» *(ahamkara)* y la mente sensorial *(manas)*. Como la mente está hecha de la misma sustancia que el resto de la naturaleza, cambia a lo largo de los mismos ejes que todo lo demás que hay en ella; utilizando una imagen de Vyasa, un comentarista del siglo v, la materia puede compararse al barro. Éste cambia en muchas formas: está disperso, se recoge, se moldea, se vidria, se cuece en una vasija, se rompe en fragmentos y se dispersa de nuevo. Cada una de las manifestaciones del barro tiene una duración, una forma visible o cognoscible y una serie de condiciones. Por ejemplo, el barro puede sobrevivir en forma de vasija durante veinte años, en este tiempo va experimentando distintas condiciones, como la de limpio, sucio, nuevo, viejo, rayado y agrietado antes de adquirir su nueva forma: fragmentado. Pero la secuencia determina cómo se desarrolla el cambio. Si al alfarero se le cae la vasija recién hecha al sacarla del horno, el barro nunca podrá cambiar en una vasija vieja, en una vasija sucia, etc. Sin embargo, a lo largo de esos cambios, la sustancia, el propio barro, no cambia.

Al afirmar que todas las cosas tienen una sustancia característica que sobrevive a la transformación, Patáñjali estaba probablemente refutando la visión expresada por algunos de sus coetáneos budistas que sostenían que la materia no era sino una proyección de la mente. Él se opone con vehemencia a esta visión, afirmando que la materia es totalmente real, su punto de vista se parece al de Siddharta Gautama, ya que como en el caso del Buda, la realización de Patáñjali incluye el reconocimiento de que todas las apariencias del mundo fenoménico son compuestas por naturaleza y, por tanto, en esencia insatisfactorias, impermanentes e impersonales.

Patáñjali parece basar su teoría de la transformación de la materia en su observación de la mente. En ésta, un patrón como el de un recuerdo puede materializarse por la activación de una impresión latente, aparecer en la pantalla de la mente ante la pura conciencia, inspirar al cuerpo a hacer alguna acción sutil o burda y luego desaparecer, dejando una nueva impresión latente. Se pueden identificar las cuatro formas más importantes de este fenómeno: la impresión latente, el pensamiento, la acción y una nueva impresión latente. También se puede observar o inferir que cada una de estas formas tiene una determinada duración mientras el pensamiento surge, se presenta ante la pura conciencia y luego desaparece. Además, cada una de estas formas está marcada por diversas condiciones: otros factores relacionados pueden hacer que el pensamiento sea vívido o subyugado, agradable o desagradable, breve o duradero. Sin embargo, en el *samkhya-yoga-dársana* todos los aspectos del patrón son la *prákriti* (la naturaleza).

Si pudiésemos sacar una detallada instantánea microscópica de los cuadros vivos que aparecen ante nosotros a cada segundo, advertiríamos sutiles cambios de una fotografía a otra relacionados con el color, las sombras, la posición y la textura de los objetos que hay ante nosotros. Cuando la conciencia observa el acto de percibir, ve que el campo visual nunca permanece inmóvil, siempre está cambiando. Y lo que es cierto para la visión también lo es para los sentidos, incluyendo la conciencia del pensamiento. La aparente estabilidad de la experiencia es una ilusión, al igual que las duraderas cualidades de los objetos. En realidad, el universo se está manifestando, expandiendo y avanzando sin cesar a lo largo del tiempo, no sólo en las estrellas, los planetas y las nebulosas que están expandiéndose a toda velocidad a causa de sus explosivos inicios, sino también en nuestras moléculas, fibras, cuerpos, familias, comunidades y especies. Incluso podemos sentir la manifestación del universo en nuestra mente, cuyo fluir se manifiesta ante la pura conciencia a cada momento.

La particular naturaleza de la mente, manifestada como una sucesión de distintos patrones que, en circunstancias normales, se perciben como una continuidad, dicta cómo ha de trascenderse, tal como Patáñjali lo describe al final de los capítulos 3 y 4. Se verá con claridad que la sabiduría consiste en conocer la verdadera naturaleza de la mente como una secuencia de manifestaciones finitas e inconcebiblemente breves que carecen de una conciencia intrínseca y que no pueden percibirse a sí mismas. Sólo la pura conciencia (*púrusa)* percibe, y su percepción no tiene principio ni fin.

17 Las palabras, el significado y la percepción tienden a mezclarse, a confundirse cada uno con los otros; concentrarse con la perfecta disciplina en las diferencias que hay entre ellos conduce a percibir el lenguaje de todos los seres.
18 Observar directamente las impresiones latentes con la perfecta diciplina conduce a percibir las existencias pasadas.
19 Concentrarse con la perfecta disciplina en las percepciones de otro conduce a percibir la mente de esa persona.
20 Pero no conduce a percibir el objeto de esas percepciones, ya que el propio objeto no está presente en la mente de esa persona.
21 Al observar con la perfecta disciplina la forma del cuerpo, éste se vuelve invisible: el ojo se desconecta de la luz que recibe y cesa el poder de percibirlo.
22 Del mismo modo, a través de la perfecta disciplina se pueden hacer desaparecer otros objetos percibidos: sonidos, olores, sabores, tactos.

Patáñjali trata ahora el reino chamánico del empeño yóguico, que parece haber coexistido con el reino liberador desde una época temprana. En los *Yoga sutra* la ap[illegible]ión de poderes mágicos es totalmente acorde a las tradiciones religiosas de la India y de cualquier otra parte, que se remontan a la prehistoria. En el milenio anterior a Patáñjali, la posesión de facultades sobrehumanas llegó a considerarse un requisito para el liderazgo espiritual, como en las clases brahmánicas de los sacerdotes que competían con un creciente cuadro de maestros espirituales ascéticos *(sramanas)*, cuyo atractivo no procedía principalmente de los rituales o los sacrificios, sino de los logros meditativos. Por tanto, casi cada nuevo maestro y programa —incluso el del Buda-dharma— se enorgullecía de una gama de poderes mágicos o al menos los reconocía. Sin embargo, la postura yóguica, cuidadosamente impuesta, por Siddharta Gautama y Patáñjali, era que semejantes poderes, por impresionantes que fueran, no conducían a la liberación por sí mismos, incluso en el caso de proceder de unas actividades como morar en la «perfecta disciplina» del *sámyama* (Patáñjali), o en las moradas divinas *(brahama-viharas)* de la bondad, la compasión, la alegría altruista y la ecuanimidad (Gautama).

Cuando la «perfecta disciplina» de los tres últimos miembros —*dharana, dhiana* y *samadhi*— se dirigen hacia el interior, la mente se aquieta. Sin embargo, también se puede dirigir hacia el exterior y observar los objetos desde la ventajosa posición de la interiorización, con lo que se desarrollan unos poderes extraordinarios *(vibhuti)* con relación al objeto observado. La mayoría de ellos se usan en el mundo fenoménico o bien para desentrañar sus secretos, son muy pocos los que tienen que ver directamente con la sabiduría *(prajña)*.

23 Los efectos de una acción pueden ser inmediatos o tardar en manifestarse; observar las propias acciones con la perfecta disciplina, o estudiar los augurios, conduce a la percepción de la muerte.
24 Al concentrarse con la perfecta disciplina en la bondad, la compasión, la alegría y la ecuanimidad, uno se impregna de esas energías.
25 Al concentrarse con la perfecta disciplina en los poderes de un elefante o de otras entidades, uno adquiere esos poderes.
26 La absorción meditativa en la manifestación de la luminosidad de la mente conduce a la percepción de lo sutil, lo oculto y lo lejano.

La luminosidad a la que Patáñjali se refiere aquí y a lo largo de los *Yoga sutra* —incluyendo los aforismos II, 18; II, 41; II, 52; III, 36, III, 44: III, 50; III, 56; IV, 19— es el *sattva,* una de las tres cualidades fundamentales de la naturaleza, o *gunas*. *Sattva* es la cualidad luminosa y liviana que da a la mente esa transparencia y reflexividad que se aprecian claramente una vez la mente se aquieta. Estas cualidades revelan a su vez la pura conciencia a la mente.

27 Concentrarse con la perfecta disciplina en el sol conduce a percibir cosas sobre el universo.
28 Concentrarse con la perfecta disciplina en la luna conduce a percibir las posiciones de las estrellas.

29 Concentrarse con la perfecta disciplina en la estrella polar conduce a percibir los movimientos de las estrellas.
30 Concentrarse con la perfecta disciplina en el centro energético del ombligo conduce a percibir la organización del cuerpo.
31 Al concentrarse con la perfecta disciplina en la cavidad de la garganta se elimina el hambre y la sed.
32 Al concentrarse con la perfecta disciplina en el «canal de la tortuga» se cultiva la estabilidad.
33 Al concentrarse con la perfecta disciplina en la luz de la coronilla se adquiere la perspectiva de los perfeccionados.
34 Todos estos logros también pueden alcanzarse en un ramalazo de espontánea iluminación.
35 Al concentrarse con la perfecta disciplina en el corazón se comprende la naturaleza de la mente.

Aunque los antiguos mapas de los canales energéticos, o *nadi,* se hayan transmitido hasta el día de hoy y puedan consultarse, el que señalaba la ubicación del canal de la tortuga, o *kurma-nadi,* parece haberse perdido. No obstante, la función del *kurma-nadi,* por lo visto, consiste en suministrar energía a los centros emocionales. Se dice, por tanto, que al concentrarse en él mediante el *sámyama,* el cuerpo-mente se estabiliza, evitando que se extravíe con las pulsiones sensoriales.

Según las descripciones esotéricas que no proceden de la literatura yóguica sino de otras fuentes, los *cakras,* o «ruedas», son unos centros energéticos inmateriales que distribuyen la fuerza vital *(prana)* a través de los *nadi* a lo largo del cuerpo energético que interpenetra al cuerpo físico. Aunque Patáñjali no vuelva a mencionar los *cakras*, enumera los poderes que se adquieren al someter algunos de ellos a la perfecta disciplina.

Hay que observar que la naturaleza de la mente no llega a captarse concentrándose en los centros más elevados, sino en el centro del corazón. Este *cakra* se relaciona con el sentido del tacto, y al concentrarse en él se agudiza el sentido de las sensaciones físicas. Tanto el yoga de Patáñjali como el de Siddharta Gautama consideran las sensaciones físicas como la base para la consciencia y, por tanto, como un camino directo que lleva a la comprensión de la naturaleza de la mente.

36 Las experiencias se componen de percepciones en las que el aspecto luminoso del mundo fenoménico se confunde totalmente con la pura conciencia. Concentrarse con la perfecta disciplina en las distintas propiedades de cada una de ellas, conduce a percibir la naturaleza de la pura conciencia.
37 Al experimentar esta percepción, los sentidos —el oído, el tacto, la vista, el sabor, el olfato— se agudizan de pronto.
38 Aunque estos poderes sensoriales se experimenten como un logro, distraen al practicante de la integración.

Patáñjali diferencia de nuevo en el aforismo III, 36 el mundo fenoménico —cuya luminosa cualidad, *sattva*, da información y facilita la percepción— de la pura conciencia (*púrusa*), que al ser distinta de la naturaleza (*prákriti*), carece de las cualidades fundamentales de luminosidad, actividad o inercia. Es fácil imaginar cómo el mundo fenoménico —un mar de cautivadoras cualidades que están fluyendo continuamente, unidas por la mente en un infinito todo a través de un enorme y casi constante gasto de energía psíquica— puede encubrir al inmutable e inmaterial *púrusa*.

Desarrollar el poder de distinguir el *sattva* del *púrusa* permite al yogui obtener los poderes de ambos con más profundidad. La observación de Patáñjali del aforismo III, 37 es la continuación de otras anteriores, sobre todo la del aforismo III, 26, donde observa que la sensibilidad del yogui aumenta notablemente al sintonizar con el aspecto sáttvico de la experiencia, con lo que adquiere nuevas percepciones sobre lo sutil, lo oculto o lo distante. Sin embargo, Patáñjali deja claro que la meta del yoga y, en realidad, la de toda la existencia humana, no es cultivar el poder en el mundo fenoménico, sino poner fin al sufrimiento realizando la naturaleza de la pura percepción.

39 Al no apegarse al propio cuerpo y volverse sumamente sensible a las corrientes del mismo, la mente del yogui puede entrar en otro cuerpo.

40 Al dominar el flujo energético que circula por la cabeza y el cuello, el yogui puede caminar por el agua, el barro, los espinos y otros obstáculos flotando sobre ellos sin tocarlos.

41 Al dominar el flujo de energía que circula por el plexo solar, el yogui se vuelve luminoso.

42 Al concentrarse con la perfecta disciplina en cómo el sonido viaja por el éter, el yogui adquiere la audición divina.

43 Al concentrarse con la perfecta disciplina en la relación que el cuerpo mantiene con el éter y al desarrollar la contemplación fusionada en la liviandad del algodón, el yogui puede viajar por el espacio.

44 Cuando la mente se desliga por completo de las cosas exteriores —«la gran liberación del cuerpo»—, se aparta el velo que ocultaba la luminosidad de la mente.

45 Al observar los aspectos de la materia —burdos, sutiles, intrínsecos, relacionales, intencionales— con la perfecta disciplina, se dominan los elementos.

46 Las facultades extraordinarias aparecen entonces, como el poder de volverse tan pequeño como un átomo, a medida que el cuerpo alcanza la perfección, trascendiendo la ley física.

47 La perfección incluye la belleza, la elegancia, la fuerza y la dureza de un diamante.

48 Al observar con la perfecta disciplina los distintos aspectos de los órganos sensoriales —sus procesos perceptivos, sus naturalezas intrínsecas, su identificación con el yo, su interconexión, sus propósitos—, el yogui acaba dominándolos.

49 Los sentidos, libres entonces de las limitaciones de sus órganos, perciben las cosas con la rapidez de la mente y dejan de hacerlo bajo el influjo del mundo fenoménico.

En los aforismos III, 40 y III, 41 Patáñjali se refiere a dos de los cinco hálitos vitales, o *prana-vayus,* que energetizan distintas regiones del cuerpo. Pero después ya no vuelve a citar más estos conceptos, sugiriendo con ello que no son fundamentales para su sistema de yoga, probablemente al igual que ocurre con los poderes chamánicos. Sin embargo, en el capítulo 3 describe detalladamente una amplia gama de poderes extraordinarios, quizá para que los *Yoga sutra* incluyeran con más amplitud las diversas tradiciones antiguas, o por deferencia a sus influyentes coetáneos.

En cuanto al aforismo III, 45, es preciso volver a citar la metáfora del barro. El aspecto burdo del barro incluye aquello que podemos sentir, ver y oler, en cambio sus propiedades sutiles sólo pueden conocerse a través del *sámyama* o de las inferencias científicas. Asimismo, las propiedades intrínsecas del barro lo distinguen de cualquier otra clase de materia, al igual que sus formas de relacionarse e interactuar con los otros elementos. Por fin puede conocerse a través de todo ello el propósito del barro. Al igual que en el caso anterior, las ideas de Patáñjali reflejan la perspectiva del *samkhya-dársana*, el cual enumera veinticuatro aspectos de la *prákriti,* entre los que se incluyen los elementos, los sentidos y la mente, pero no presenta las diferencias que existen entre ellos en cuanto a los modos de transformación. Por tanto, los órganos sensoriales se pueden dominar, por ejemplo, utilizando el mismo método *(sámyama)* que se ha empleado para penetrar los misterios del barro.

A medida que la interiorización tiene lugar, la mente deja de dirigir los sentidos hacia los objetos externos burdos y los concentra en los objetos internos sutiles. Dirigir la perfecta disciplina *(sámyama)* hacia el proceso perceptivo significa interiorizarlo hasta el punto en que los aspectos sutiles de los sentidos, los *tanmatras,* se vuelven visibles para la mente del yogui. Para comprenderlo mejor, esta acción se asemeja a la cadena perceptiva que se da cuando oímos un sonido. El objeto, una vibración audible en el aire, llega al órgano de la percepcion (el oído), y éste transporta la vibración a otro medio, el sentido del oído; la vibración aflora entonces como una impresión en la mente, y allí la mente sensorial *(manas)* la estratifica e interpreta con los demás estímulos sensoriales, conjuntamente con los otros dos componentes de la mente: la inteligencia *(buddhi)* y el ego *(ahamkara)*. Cuando la mente sensorial reúne estos estímulos, surgen en la inteligencia y en el ego unas reacciones condicionadas, aceptando ciertos estímulos y filtrando otros, y luego producen la representación mental organizada que experimentamos como sonido. La inteligencia *(buddhi)* y el ego *(ahamkara)* tiñen entonces la proyección sensorial, y después los sentidos internos sutiles *(tanmatra)* evocan la experiencia auditiva, o la cualidad del sonido, de los fenómenos. Los *tanmatras* están siempre presentes en la cadena perceptiva, pero normalmente no pueden contemplarse por separado, ya que están fusionados con otros aspectos cognitivos de la percepción. Sólo se puede atravesar el recubrimiento mental y contemplar la sutil esencia del oído (III, 3) en la transparencia del *sámyama*. El *tanmatra* del oído se encuentra entonces «libre de las limitaciones de su órgano», es decir, libre de los otros eslabones físicos de la secuencia auditiva.

A ese nivel de discernimiento, los diferentes sabores de la experiencia sensorial sutil surgen y desaparecen como el mercurio, están libres de fricción, poseen la liviandad sáttvica. Ya no están cargados con los eslabones tamásicos más externos de la cadena. En esto consiste la «gran liberación del cuerpo» *(maha-videha)*, un hito en el camino de la interiorización que indica que el apego al cuerpo ha disminuido y que en la mente predomina ahora ese luminoso *sattva*.

50 Una vez se percibe la distinción entre la pura conciencia y el aspecto luminoso del mundo fenoménico, se conocen y dominan todas las condiciones.

51 Cuando uno deja de apegarse incluso a esta omnisciencia y dominio, las semillas del sufrimiento se marchitan y la pura conciencia se reconoce alzándose sola [independiente de todo].

52 Aunque este elevado estado sea atractivo, hay que evitar el apego y el orgullo, de lo contrario, volverá a surgir el sufrimiento.

La cualidad llamada *sattva* tiene que ver con la luminosidad y la claridad del mundo fenoménico. *Sattva* es la particular cualidad de la mente —y por extensión, de la *prákriti*— que suele confundirse con más facilidad con el hecho de percibir la pura conciencia *(púrusa)*, que en realidad carece de cualidades. Cuando la mente se encuentra en una profunda quietud, o sea cuando es más reflexiva, el discernimiento empieza a aparecer. Lo más importante de ese momento es que se reconoce que la pura conciencia es distinta del *sattva.* El *sattva* llega a predominar en la mente a través de los procesos de interiorización y de calma, cuando aquélla adquiere una transparencia y una reflexividad naturales que apenas son visibles en circunstancias normales. La mente refleja ahora la pura conciencia y la percibe por primera vez, y el discernimiento *(viveka)* surge.

Cualquier apego que aún quede generará unas oleadas de pensamientos o acciones que agitarán la cristalina superficie de la mente. Pero mientras el yogui mantenga ese crucial discernimiento entre la pura conciencia y el *sattva,* y no sea agitado por la aparición de los dispersores *samskaras,* se puede manifestar la liberadora realización del *kaivalya,* o la independencia del *púrusa* de la *prákriti.*

53 Concentrarse con la perfecta disciplina en la sucesión de instantes que surgen en el tiempo conduce a una percepción originada del discernimiento.

54 Esta percepción permite distinguir las cosas que, a través de sus orígenes, características o posiciones similares, parecían ser continuas.

55 De ese modo, la percepción discernidora deconstruye todos los objetos y condiciones del mundo fenoménico, separándolos de la pura conciencia.

56 Una vez que la luminosidad y la transparencia de la mente se han vuelto tan perfectas como la pura conciencia, pueden reflejar la libertad de la misma y percibirla.

En el capítulo 4, en la conclusión de los *Yoga sutra,* Patáñjali explica con mayor detalle los complejísimos conceptos introducidos en los cuatro últimos sutras. En ellos Patáñjali describe una de las percepciones fundamentales del estado final del *samadhi.* El yogui, al permanecer absorto en meditación en la sucesión de acontecimientos momentáneos, reconoce que lo que parecía un continuo fluir de la realidad no es más que una secuencia de instantes mentales, cada uno de los cuales se compone de unos fenómenos perceptivos irreductibles, o *dharmas.* Puede llegar a percibirlo porque la perfecta disciplina, o *sámyama,* parece prolongar la experiencia temporal. Como se ha observado en los aforismos I, 41 y III, 3, la fusión del *samadhi* relaja las formas y las distinciones, incluyendo las limitaciones temporales. A medida que los sutiles aspectos de la naturaleza se manifiestan en una rápida sucesión, el yogui puede percibir una indescriptible cantidad de detalles. Ahora reconoce directamente el sustrato granular de la experiencia consciente, cada una de cuyas transformaciones se manifiestan en los instantes perceptibles más pequeños de tiempo *(ksanas).* La ilusión acerca de que esa sustancia es la misma percepción por fin se ha destruido.

4

La libertad

Al final del capítulo 3 Patáñjali nos deja vislumbrar la libertad, o *kaivalya*. Tal como él lo define, *kaivalya* no es un estado que se alcanza, sino la inherente separación existente entre la *prákriti* y el *púrusa*. Reconocer esta separación se denomina discernimiento, o *viveka*, y este estado va acompañado de la percepción de las transformaciones momentáneas de las formas del mundo. Esta percepción es la que apacigua los dramas de la mente, liberándola del sufrimiento.

En el capítulo 4 Patáñjali nos ofrece una descripción más exhaustiva explicando con mayor detalle cómo surgen las formas en la naturaleza y están cambiando continuamente. En primer lugar, describe las fuerzas latentes que impulsan esas transformaciones, tanto las de la mente como las de sus objetos, y después analiza y afirma la realidad del mundo, independiente de las percepciones de quienes la observan. La propia mente es un objeto, afirma, incapaz de contemplarse a sí misma. Una vez el yogui mantiene con firmeza esta clase de reconocimiento, ve por fin la realidad tal como es: un torrente de microfenómenos carentes de sustancialidad o de permanencia. Ahora se hace visible la verdadera naturaleza de la pura conciencia, contemplando el mundo de manera omnipresente, pero distinta de las cualidades del mismo y sin estar impregnada de ellas. Con este estado, explica Patáñjali, se alcanza el verdadero propósito por el cual la naturaleza creó a la mente y marca el fin del sufrimiento.

1 El logro producido por la integración también puede surgir en el nacimiento, a través del uso de plantas, de las recitaciones o de la ascesis.

Patáñjali inicia el último capítulo de los *Yoga sutra* con una sorprendente revelación: los poderes extraordinarios, o *vibhuti*, no pertenecen exclusivamente al proceso yóguico. Es decir, pueden surgir de manera espontánea de otras causas que las de la perfecta disciplina. Sin embargo, no indica si se manifiestan de una forma adecuada para el propósito de la liberación.

2 La adquisición de una nueva forma se produce cuando las fuerzas naturales rebosan.

3 La transformación en una forma u otra no procede de las causas cercanas a ella, tan sólo es orientada por ellas, al igual que un agricultor desvía un arroyo para regar sus campos.

Las fuerzas que producen el cambio existen antes de que el cambio sea visible. Patáñjali utiliza el ejemplo de un agricultor para diferenciar las fuerzas que crean una nueva forma de las causas cercanas que rodean a su aparición. El agricultor no genera el agua ni la fuerza de ésta, sino que tan sólo la dirige.

Otra metáfora relacionada con el cultivo quizá ayude a aclarar el concepto de Patáñjali. Un agricultor no crea en realidad una cosecha como, por ejemplo, de manzanas, sino que es producto de los manzanos, ya que cada uno de ellos es el último elemento de una larga línea de predecesores. El árbol genealógico de cada manzano es antiquísimo, cada generación de manzanos depende para existir de la fructífera convergencia de la semilla, la luz solar, el agua y un fértil suelo. El granjero, como el agente actual de la convergencia, es una causa cercana de la existencia del manzano, ya que ha obtenido las semillas, las ha sembrado en hileras en la tierra, las ha regado y abonado y, al final, ha cosechado el fruto. Incluso el producto se podría llamar «las manzanas del agricultor». Pero es la semilla la que sobre todo determina los atributos esenciales de la manzana —el color, la textura, el sabor, la forma, el contenido, el tiempo de vida y el potencial para reproducirse—, aunque cada uno de estos atributos puedan ser influidos por las causas cercanas.

Del mismo modo, la «semilla» de las impresiones latentes *(samskara)* es la que germina y florece en unos determinados pensamientos, formas y acciones. La serie de condiciones que presenta esta aparición, influirán sin duda sobre ella, al igual que el campesino influye sobre la cosecha de manzanas, pero sus atributos esenciales ya estaban determinados mucho antes de hacerse visibles.

4 La conciencia del yo es el marco que orienta la mente hacia la individualización.

5 Una sucesión de mentes, generando una inmensa gama de distintas percepciones, parecen consolidarse en una mente individual.

Asimismo, según la visión de Patáñjali, las formas de la naturaleza que experimentamos como nuestro «yo» se producen por el rebosamiento de las fuerzas naturales, en este caso por la activación de los *samskaras* que, al igual que las semillas de una manzana, determinan nuestros atributos esenciales. En el sistema del *samkhya* también hay una importante causa cercana llamada *ahamkara*. Se trata del principio individualizador, o el «hacedor del yo». Este principio, al igual que el agricultor, organiza la caótica infinitud de procesos internos y externos en aquello que se experimenta como una sola persona, desde la infancia hasta la vejez. Aunque un ser experimente en su vida innumerables maneras de pensar que suelen ser radicalmente distintas, cada una de ellas brota de la activación de impresiones latentes, el *ahamkara* las impregna a todas, al margen de lo variadas que sean, con un unificador sentido del yo, o *asmita*. Eso hace que uno las sienta como «están surgiendo de mí».

6 Cuando la mente permanece fija en absorción meditativa, ya no contribuye a la acumulación de impresiones latentes.

7 Las acciones de un yogui realizado trascienden el bien y el mal, en cambio, las acciones de los demás pueden ser buenas o malas, o ambas cosas a la vez.

8 Cada acción se manifiesta tiñendo las impresiones latentes según su cualidad: buena, mala o ambas cosas a la vez.

9 Como las profundidades de la memoria y las impresiones latentes que almacena son inseparables, su dinámica de causa y efecto fluye ininterrumpidamente cruzando las demarcaciones del nacimiento, el espacio y el tiempo.

10 Siempre han existido, porque el deseo de existir es eterno.

11 Como la causa, el efecto, la base y el objeto de las impresiones latentes son inseparables, éstas desaparecen cuando los atributos citados desaparecen.

La absorción meditativa, o *dhiana,* es un mecanismo crucial en el proceso de la unción. Antes de surgir, la secuencia de pensamientos *(citta-vritti)* avanzaba inexorablemente, como un gigantesco camión moviéndose a toda velocidad de una dirección a otra, dejando siempre un reguero de huellas tras de sí. En cambio, en el *dhiana* toda la actividad perceptiva se alinea con un objeto y el gigantesco camión de la *(citta-vritti)* deja de ir de un lado a otro y se detiene en un lugar. Ahora la única huella que imprime es la del punto donde se ha detenido, dejando el resto del suelo sin una marca. Sólo entonces el *samadhi* puede desarrollarse, con el espejo de la fusión mostrando las cosas tal como son, exentas de las distinciones (I, 43) que han dejado tras de sí unas continuas huellas de apegos y rechazos.

Con el tiempo, dice Patáñjali, las acciones originadas de la ignorancia, programadas para el sufrimiento, dejan de surgir. Los actos del yogui realizado no dejan ningún vestigio. Es tranquilizador imaginar la posibilidad de un ser que ya no comete errores, pero Patáñjali sólo está hablando de los que han alcanzado el último nivel de realización, el *dharma-meghah-samadhi* (IV, 29; IV, 30), que no suele obtenerse.

Para el resto de nosotros las acciones dejan vestigios en forma de *samskaras*. Según el *samkhya*, éstos se acumulan en un residuo *(asaya)* que, al igual que los *samskaras*, no forma parte del cuerpo físico, sino que se encuentra en el cuerpo sutil *(lingadeha)*, el cual sobrevive a la muerte y al renacimiento. Patáñjali indica que los *samskaras* están impulsados por un irresistible espíritu, el deseo de vivir, que genera la inclinación a renacer (I, 19).

Cada *samskara* tiene cuatro atributos: una causa, normalmente se origina de una de las cinco causas del sufrimiento *(klesas)*; un efecto, manifestado como un pensamiento o acción *(karma)*; una base en la mente *(citta)*; y el soporte de un objeto *(visaya)*. Patáñjali los menciona en este orden para explicar cómo los *samskaras* se desactivan en el momento de la realización última, que describe a partir del aforismo IV, 29. La realización no sólo elimina las causas del sufrimiento, además de la causa y el efecto, sino que también representa una transformación en la que el yogui penetra las apariencias ordinarias de la mente y del mundo fenoménico. Como los cuatro atributos del *samskara* son inseparables, la disolución de uno de ellos significa también el fin del *samskara*.

12 El pasado y el futuro son inmanentes a un objeto, existen como distintos sectores de la misma corriente de formas de experiencias.

13 Las características de estos sectores, ya sean manifiestas o sutiles, están determinadas por las cualidades fundamentales de la naturaleza.

14 Sus transformaciones tienden a unirse, impregnando cada nuevo objeto con una cualidad de sustancialidad.

Cualquier objeto o fenómeno se compone de una sucesión de momentos en los que surgen y desaparecen innumerables formas de experiencias, o *dharmas*. Normalmente no pueden percibirse como tales, sino que parecen avanzar unidos como los fotogramas de una película. Esta tendencia a unirse da a los fenómenos una sensación irreal de continuidad y permanencia, una ilusión que, sin embargo, se toma por la realidad. De hecho, aunque en los *Yoga sutra* de Patáñjali la palabra *dharma* no signifique más que «el irreducible constituyente de la experiencia», es una de las palabras más inclusivas de la lengua sánscrita y suele referirse a varios órdenes distintos de la realidad, tanto microscópicos como macroscópicos. Tradicionalmente esta palabra también significa «la naturaleza como un todo», «la ley de los procesos naturales», «las enseñanzas relacionadas con la ley natural», «el estado mental» y «la virtud de vivir de acuerdo con la naturaleza». También suele referirse al punto de vista budista *(dársana)*, que incluye las prácticas y las enseñanzas.

En el caso de una película, la rapidez de las transformaciones, que se suceden a una velocidad de 24 fotogramas por segundo, supera el alcance de nuestra percepción. Aunque sepamos conceptualmente que los movimientos que aparecen en la pantalla son ilusorios, no distinguimos cada uno de los fotogramas, por más que lo intentemos. Sin embargo, la mente y sus productos son distintos, ya que el torbellino de cada secuencia de pensamientos cotidianos contribuye a nuestra incapacidad para distinguir su rápida secuencia de acontecimientos perceptivos. Pero a medida que la mente del yogui se calma, es capaz de ver unos grados cada vez más sutiles de transformaciones e incluso llegar a percibir las de los gunas (IV, 33), que aportan las diferentes proporciones de la luz, el movimiento y la masa características de cada objeto o fenómeno.

Cada transformación está condicionada por la realidad que ha existido hace justo un instante *(ksana)*. Es decir, el mundo y sus objetos, incluyendo la mente, pueden considerarse una legítima procesión ordenada de efectos surgidos de unas causas anteriores que generan sus propios efectos posteriores. Según esta visión, el presente se compone del pasado y del futuro, que son simplemente distintos tramos del mismo río. Patáñjali ha explicado en el aforismo III, 16 que esta verdad no es sólo una inferencia, sino que puede conocerse directamente *(jñana)* a través de la perfecta disciplina.

15 La gente percibe el mismo objeto de distinta manera, la percepción de cada persona toma un camino distinto del de las otras.

16 Pero el objeto no depende de ninguna de estas percepciones; si fuera así, ¿qué ocurriría cuando nadie estuviera contemplando nada?

17 Un objeto sólo es conocido por la mente que lo ha coloreado, de lo contrario no se conoce.

El mundo, nos asegura Patáñjali, es real, y sus objetos existen independientemente del observador. Al igual que el objeto, el acto de observar puede descomponerse en sus componentes. Cada percepción atraviesa los diferentes estratos de los que el ser humano se compone: los órganos sensoriales *(indriya)*, la mente sensorial *(manas)*, la inteligencia *(budhi)*, el «hacedor del yo» *(ahamkara)*, y las experiencias sensoriales sutiles *(tanmatras)*. Estos estratos son el «camino» por el que la captación de un objeto viaja para convertirse en una percepción completa. Tal como Patáñjali señala en el aforismo II, 27, la sabiduría, o *prajña*, esclarece la verdadera naturaleza de cada uno de estos estratos. Sin embargo, incluso sin la *prajña* se puede comprender fácilmente cómo cualquier camino que atraviese esos estratos no puede ser el mismo para todo el mundo. Y si esa captación nunca llega a la mente —es decir, la inteligencia, el hacedor del yo y la mente sensible— no puede conocerse.

18 La pura conciencia siempre conoce los patrones de la mente, es su suprema e inmutable testigo.

19 La mente no es contemplada por su propia luz, sino por la de la pura conciencia.

20 Además la mente y su objeto no pueden percibirse a la vez.

21 Si la mente pudiera percibirse a sí misma en lugar de ser percibida por la pura conciencia, la cadena de semejantes percepciones involucionaría infinitamente, con lo que la memoria experimentaría una implosión.

22 Sin embargo, la mente, una vez se aquieta, se parece a la pura conciencia inmutable y puede reflejar en ella el acto de ser percibida.

23 La mente puede entonces tomar tanto el color de la pura conciencia como el del mundo fenoménico, alcanzando de ese modo todos sus propósitos.

Patáñjali afina ahora una distinción fundamental entre la pura conciencia y la mente: ésta es el objeto de la primera y no puede iluminarse a sí misma. Es decir, la mente no puede verse a sí misma, al igual que las imágenes de un televisor no pueden contemplarse a sí mismas, aunque sean capaces de difundir una inmensa variedad de distintos programas y escenas, cada uno de los cuales ofrece una atractiva pseudo-realidad. Sin embargo, al apagar el televisor, la ilusión se desvanece. Entonces uno recuerda que no era más que un programa que aparecía en un aparato. Al contemplar nuestro reflejo en la pantalla, podemos captarnos permaneciendo sentados en meditación, respirando, contemplando, pensando.

Para poder penetrar la visión de la realización de Patáñjali, hay que ir más allá de esta metáfora. Uno despierta de las experiencias ilusorias de permanecer sentado en meditación, respirar, contemplar y pensar —el desfile del mundo fenoménico— al conocimiento de la pura conciencia, que es independiente de cualquier experiencia. No hay nadie que esté contemplando nada. Sólo existe el acto en sí de contemplar: el *púrusa.*

Patáñjali explica que un objeto se convierte en un objeto percibido al ser «coloreado» por la mente. Por tanto, una vez la mente se aquieta hasta el punto de asemejarse a la pura conciencia, el *púrusa* puede sentir por primera vez su propia presencia. La mente ha tomado ahora el «color» de la pura conciencia y puede reflejarla y percibirla. En su luminosidad, revela con más detalle tanto su propia naturaleza como las transformaciones de los elementos que la componen, unas percepciones que acabarán deshaciendo las cadenas de los *gunas* y de sus proyecciones.

Patáñjali afirma que el mundo fenoménico es el terreno tanto para la experiencia como para la liberación (II, 18). La mente ahora puede satisfacer estos dos aspectos de la existencia, la *prákriti* y el *púrusa*, y alcanzar los objetivos de ambos, la libertad está a su alcance.

24 La mente, aunque esté teñida por los innumerables rasgos latentes, al igual que todos los fenómenos compuestos, tiene otro propósito, el de servir a la pura conciencia.

25 En cuanto el yogui distingue la mente de la pura conciencia, cesa la continua construcción del yo.

26 Ahora la mente, orientada hacia esta distinción, puede sentirse atraída por la libertad, el conocimiento totalmente integrado según el cual la pura conciencia es independiente de la naturaleza.

27 Cualquier espacio en la conciencia discernidora hace posible que surja algún pensamiento dispersador del almacén de impresiones latentes.

28 Estas distracciones pueden subyugarse, como en el caso de las causas del sufrimiento, al seguirse hasta llegar a su origen o por medio de la absorción meditativa.

Todas las cosas son compuestas por naturaleza, se componen de unas formas de experiencias irreducibles *(dharmas)*, cuyas transformaciones ocurren en el más breve instante perceptible *(ksana)* y están impregnadas de las cualidades fundamentales *(gunas)* en unas proporciones que siempre están cambiando. La mente también es así, al igual que todas las otras entidades del mundo fenoménico. Tal como Patáñjali describe en el capítulo 2 (II, 18; II, 21), el mundo fenoménico de la *prákriti* existe y evoluciona esencialmente para revelar el *púrusa* y al hacerlo también expone la verdadera naturaleza de la *prákriti*.

Al principio la mente sólo puede permanecer por poco tiempo en la profunda quietud necesaria para reflejar la pura conciencia. Las impresiones latentes sembradas por las causas del sufrimiento siguen aflorando en pensamientos o acciones, agitando la mente y disminuyendo su transparencia y reflexividad. Sin embargo, las causas de sufrimiento, tanto si son sutiles como burdas por naturaleza (II, 10; II, 11), pueden neutralizarse volviendo a fijar la mente en el objeto elegido *(abhyasa)* y por medio de la no reacción *(vairagya)*. Una vez se han neutralizado, la profunda quietud de la mente va aumentando de forma estable hasta que el yogui alcanza la última etapa del no hacer.

29 Aquel que considera incluso los estados más elevados desapasionadamente, discerniendo continuamente la pura conciencia del mundo fenoménico, entra en la etapa final de la integración, en la que la naturaleza se percibe como una nube de formas de experiencias irreducibles.

30 Esta realización extingue tanto la causa del sufrimiento como el ciclo de causa y efecto.

31 Una vez se han eliminado todas las capas e imperfecciones que encubrían la verdad, se manifiesta una infinita clara visión que prácticamente lo percibe todo.

32 Entonces el yogui empieza a desarmar el perfecto fluir de la realidad, con sus transformaciones teñidas por las cualidades fundamentales, con lo que alcanza la verdadera misión de la mente.

33 Ve que ese fluir no es más que una serie de acontecimientos separados, cada uno de los cuales corresponden al espacio más pequeño de tiempo, en el que una forma se transforma en otra.

34 Cuando el yogui reconoce que las cualidades fundamentales de la naturaleza son irrelevantes para la pura conciencia y percibe cada una de sus transformaciones en el momento de su aparición, la libertad está a su alcance; el poder de la pura percepción se alza entonces en solitario, asentado en su propia naturaleza. Eso es todo.

La nube de irreducibles formas de experiencias, *dharma-megha,* es la descripción de Patáñjali del estado final de la percepción humana. Este se produce al observar las cosas en su nivel más básico, en el espacio más breve de tiempo conocible. Es la realidad, despojada del drama con el que los *gunas* saturan las percepciones ordinarias. Para Patáñjali no es sólo la realización suprema de la unción humana, sino también la del propósito de la naturaleza: percibir las cosas tal como son.

El *dharma-megha* sólo puede discernirse cuando la superficie de la mente se ha aquietado de cualquier secuencia de pensamientos. Cuando está totalmente en calma, actúa como un espejo que refleja la pura conciencia, o *púrusa,* y la mente entonces la percibe. Patáñjali también describe en el aforismo IV, 23 cómo esta reflexión colorea la mente, permitiéndole representar con más exactitud sus propios constituyentes de una forma más parecida a la de la pura conciencia. La mente refleja entonces con claridad la manifestación de los fenómenos tal como son en su nivel más granular, sin que estén teñidos por ninguna actividad mental constructiva o organizativa.

La pura conciencia *(púrusa)* no está sujeta a las fuerzas que gobiernan la materia y la mente, sino que se encuentra más allá de la causa y el efecto. Al igual que *isvara,* trasciende el tiempo. Como la mente pertenece al reino de las palabras, sus contenidos están limitados por la temporalidad, en cambio, la visión de la pura conciencia no lo está. Alzándose en solitario, puede percibir los instantes más breves de transformación, mientras las cualidades de los *gunas* se proyectan sobre el fluir de la sustancia de la mente. Es una percepción totalmente distinta de las percepciones ordinarias, cuyas transformaciones se unen para presentar una perfecta continuidad, incluso cuando la mente casi ha alcanzado la quietud. Al igual que los fotogramas de una película, el drama de la yoidad depende de esta continuidad. Una vez el yogui descompone esta continuidad, el drama se desvanece.

Aunque la superficie de la mente se serene hasta el punto de reflejar como un espejo la pura conciencia, la mente es prakrítica por naturaleza. Por eso se manifiesta en forma de elementos perceptivos que están cambiando sin cesar. Estos elementos, denominados *dharmas*, son las formas granulares pasajeras que al combinarse producen aquello que parece ser una corriente de experiencia unitaria. Al igual que las partículas subatómicas son los componentes físicos más pequeños y han de inferirse científicamente, un *dharma* es el fenómeno de la mente más breve que la pura conciencia puede percibir directamente.

En circunstancias normales, los *dharmas* parecen fluir juntos, dando un aspecto de singularidad y sustancialidad a aquello que en realidad es compuesto e impermanente. Sin embargo, en el *samadhi* supremo, la pura conciencia percibe con claridad cada uno de esos inconcebiblemente breves microfenómenos. El yogui reconoce entonces que todas las cosas son compuestas y que no son más que las ilusorias proyecciones de la luminosidad, el movimiento y la solidez gúnicas y deja de sentirse atraído por ellas. Ahora ve que los *dharmas* no son después de todo un continuo fluir, sino que sólo parpadean por separado ante la pura conciencia.

Aunque *meghah* tenga la connotación específica de «nube», al utilizar esta palabra Patáñjali se está refiriendo al significado más sutil e inclusivo de «lluvia torrencial». Los *dharmas* afloran a la superficie de la mente —y la pura conciencia puede por tanto percibirlos— en distintos momentos, del mismo modo que las gotas de lluvia llegan al suelo en distintos instantes. Pero como los intervalos que se dan entre la llegada de las gotas al suelo son tan breves, se experimenta como una cortina de lluvia en lugar de advertirlo como innumerables gotas, salvo en el grado más alto de quietud del cuerpo-mente. Es decir, para el oído profano la lluvia no es más que la continua precipitación de un torrente de agua, en cambio, el oído realizado percibe claramente cada una de las gotas de lluvia entrando en contacto con el suelo.

Sin embargo, sin la nube la lluvia no podría existir. La superficie de la mente se ha convertido ahora en un espejo y se refleja a sí misma con más claridad, la pura conciencia puede reconocer que la continua naturaleza de la secuencia de pensamientos *(citta-vritti)* de la mente no es más que una sucesión de *dharmas*. Esta corriente de *dharma* es la matriz indivisible de lo que podemos conocer, la particular sustancia de la que se componen todos los movimientos de la mente *(vritti)* y, para la pura conciencia que se ha dejado de identificar con ella, aparece como una nube.

Volviendo a la metáfora de los fotogramas de una película, si el *vritti* puede compararse a la pantalla que refleja el continuo fluir de fotogramas —con *los gunas,* las cualidades fundamentales de la experiencia, proyectando la luz, el movimiento y la densidad en unas proporciones que siempre están cambiando—, los *dharmas* equivalen a los fotogramas granulares de los que se compone el continuo medio de la película. Al igual que ella, cada realidad que aparece en la pantalla parece ocurrir en un perfecto fluir. Pero al detener el proyector y estudiar la tira de la película con un microscopio, se aprecia tanto la secuencia de los distintos fotogramas como el contiguo campo granular que constituye su matriz. Lo que ya no puede verse fácilmente es la ilusión de movimiento *(vritti)*. Del mismo modo que los fotogramas son individuales pero pertenecen a una única tira de película, el *dharma-megha* muestra a la pura conciencia que la segregación del tiempo en pasado, presente y futuro es una forma de patrón mental sobreimpuesto a la unitaria nube del *dharma*.

La metáfora de la película no es sin embargo totalmente exacta, ya que en este segmento de la tira de la película, cada uno de los fotogramas muestra más o menos la misma composición visual, sólo hay unos sutiles cambios de uno a otro. En cambio, los *dharmas* corresponden a imágenes, sonidos, olores, sabores, contactos y también a objetos mentales como los pensamientos y las sensaciones emocionales, por tanto, un único *dharma* representa sólo una pequeña parte de cualquier cuadro vivo dado.

Una vez la mente se ha desidentificado del todo de la pura conciencia, las causas del sufrimiento, que aunque sean cinco, proceden todas de la incapacidad de ver la verdadera naturaleza de la *prákriti* y del *púrusa*, se eliminan. Sin ellas, el yogui ya no puede sembrar más semillas de pensamientos o acciones ignorantes y las que había almacenado desaparecen (IV, 11). Eran las capas que encubrían la verdadera naturaleza de las cosas; una vez desaparecen, ya no queda nada que se interponga en el camino de la completa realización.

Los *gunas* dependen para sus efectos de las relativamente burdas calibraciones de la percepción ordinaria. Pero cuando no surge ningún movimiento del cuerpomente, la mente puede reflejar hasta los aspectos más sutiles de los fenómenos. A este nivel de discernimiento, el yogui percibe con claridad cómo los *gunas* tiñen cada nueva transformación. Y una vez lo percibe, los *gunas* pierden su poder de atracción y se vuelven irrelevantes.

Patáñjali nos asegura que el mundo de los objetos y sus cualidades son reales (IV, 15; IV, 16), pero que los distintos espectadores no pueden percibirlo de la misma manera. La conciencia plenamente realizada contempla exactamente el mismo mundo que el yogui contemplaba antes de realizarse, y es exactamente el mismo que los demás están ahora viendo. Sin embargo, sus apariencias, y el efecto de sus cualidades, cambian por completo de manera irreversible.

El *dharma-meghah-samadi,* al igual que en el caso del *samapatti,* no ha de conceptualizarse como un estado alterado de la mente. Aunque ambos consistan en apartarse radicalmente de las formas convencionales de la experiencia, en los dos estados se «sienten» las cosas *tal como son,* incluso en las formas más básicas y puras. Los contenidos de estos estados siempre están presentes, tanto si se perciben durante la realización como si están encubiertos por la abundante actividad representativa *(citta-vritti).* Al igual que el Buda-dharma, que reconoce la omnipresente presencia de la vacuidad y el nirvana (en pali, *nibbana*), la realidad de Patáñjali siempre es una nube de *dharmas* que están surgiendo y desapareciendo uno tras otro a una velocidad inconcebible. Para Patáñjali el mundo siempre es así; el yogui al aquietar su mente percibe con una prístina claridad la verdadera naturaleza de las cosas. De ahí que la realización esté al alcance del yogui que practica con entusiasmo (I, 21).

En el estado actualizado del *dharma-meghah samadhi* la mente ya no sigue contribuyendo en absoluto a la procesión de fenómenos. El drama inherente al nacimiento, a las experiencias, al sufrimiento y a la muerte cesa y es reemplazado por un inefable conocimiento. La pura conciencia puede ver ahora su propio reflejo: inmutable, independiente, inmune al flujo de las energías fenoménicas. Éste es el logro del ideal yóguico que aunque Patáñjali atribuya a *isvara*, la conciencia divina, en realidad, como toda divinidad, reside en cada uno de nosotros como el potencial humano más profundo.

Epílogo

Los *Yoga sutra* en la actualidad

El legado de los *Yoga sutra* es inmenso. En la actualidad es posible considerar la obra de Patáñjali desde muchas ópticas. Como sistema filosófico se ha hecho un lugar como la definitiva exposición del *yoga-dársana,* una de las seis escuelas ortodoxas del pensamiento indio. Desde el punto de vista histórico o antropológico, es un asombroso método, un texto antiguo sagrado que expresa exhaustivamente un sistema de pensamiento y conducta que refleja la cultura de una época temprana y el lugar de la misma. Lingüísticamente es un inagotable tesoro oculto, lleno hasta el borde de dulces eufonías sánscritas y de una elegante fraseología, y a pesar de su enorme alcance es, por su concisión, una verdadera obra maestra.

Los *Yoga sutra* siguen siendo en el día de hoy una obra atractiva sobre todo por su forma de abordar los principales problemas de la existencia humana. Aunque no se conozca nada sobre el autor, salvo que se llamaba Patáñjali, fue sin duda una persona que se dedicaba, al igual que sus innumerables predecesores, a eliminar el sufrimiento. Como creía que el sufrimiento humano procedía de la arraigada, aunque reversible, tendencia a construir erróneamente la realidad, se dedicó minuciosamente a analizar cómo conocemos aquello que conocemos. Lo que es tan universal e inspirador es el viaje interior que Patáñjali nos ofrece, accesible a todo el mundo, y es precisamente esa misma ruta la que intentamos seguir, paso a paso, una vez nos tomamos en serio los *Yoga sutra* y damos nuestros primeros enérgicos pasos en el camino que conduce a la libertad.

La naturalidad y la simplicidad constituyen la gran virtud del *yoga-dársana.* Sea cual sea el objeto o el aspecto de la experiencia que uno elija contemplar, el proceso de observarlo irá revelando poco a poco la pura conciencia que subyace en él. Para Patáñjali el propósito supremo del mundo fenoménico es ayudarnos a evolucionar hasta el punto de poder mostrarnos las grandes verdades entrelazadas: que la pura conciencia es intrínsecamente libre y que cada ser humano puede llegar a conocer la libertad. Patáñjali nos libera de las cadenas del esfuerzo convencional, que principalmente pertenece al dominio del sufrimiento, para guiarnos a la posibilidad del sin esfuerzo. Los procesos yóguicos de la interiorización y la calma no es algo que uno hace, sino la manifestación natural de las propiedades del ser que el yo suele reprimir.

Patáñjali parece haber reconocido que el mayor desafío para los estudiantes del *yoga-dársana* y, por tanto, el gran obstáculo para la transmisión, es la tendencia a empezar abordando la posibilidad del aquietamiento del cuerpo-mente como un concepto oído o leído. A causa de ello, no podemos evitar formarnos ideas sobre lo que es la realización e intentar alcanzarla mentalmente. Pero este proceder no puede producir el imaginado resultado, al igual que es imposible colmar la sed pensando en el agua.

El éxito de la práctica yóguica depende de la forma en que el yogui acepta e incorpora ciertas ideas (*pratyayas*) para configurar la conducta y la experiencia, volviéndolas a orientar continuamente hacia la realización. Por ejemplo, hay que desarrollar una comprensión del mismo programa yóguico, recordando que es necesario estar relajado, concentrado y persistir en volver al presente. También hay que tener en cuenta que es posible alcanzar una absoluta cesación mental y la realización, un potencial que uno llega a detectar en cualquier experiencia.

Una importante característica de los *Yoga sutra* es el hincapié que Patáñjali hace en la encarnación. El *asana* y el *pranayama* son la base del camino yóguico. Al observar constantemente el cuerpo y sus fenómenos, el yogui se centra en la impermanencia y en la ayoidad del mismo a medida que la quietud, o *nirodha*, se desarrolla. La inutilidad de apegarse a esta vida corpórea como un yo también se hace evidente para el yogui. Cuando se dedica a examinar minuciosamente el cuerpo de manera continua, tal como Patáñjali recomienda para alcanzar el despertar yóguico, ve que el dependiente y condicionado fluir de causa y efecto que la mente etiqueta como *el cuerpo* carece de una conciencia intrínseca o de permanencia.

Este énfasis en las sensaciones físicas, que también se da en gran medida en las enseñanzas del Buda, no es teórico, sino la respuesta pragmática a la experiencia y la práctica. Conceptualmente Patáñjali parece compartir el punto de vista del *samkhya* según el cual aquello que la pura conciencia contempla es una manifestación generada por una mente tripartita que se compone del sentir *(manas)*, el hacedor del yo *(ahamkara)* y la inteligencia *(buddhi)*. Estos tres componentes tienen unas propiedades totalmente distintas: los pensamientos, las emociones y el sentido del yo son constructivos por naturaleza, surgen activamente cuando las impresiones latentes *(samskaras)* afloran ante el telón de fondo de los estímulos sensoriales transmitidos por el *manas* no constructivo. Estas impresiones colorean y organizan todos los aspectos de la percepción, ligándolos en ciclos de acción-impresión latente-acción impregnados de sufrimiento. Sin embargo, el yogui al uncir la atención al campo sensorial y mantenerla fijada constantemente en él, acaba captando las apariciones más sutiles de pensamientos, sentimientos y yoidad. A medida que esta clase de actividad constructiva empieza a destacar, adquiere tal transparencia que el yogui puede reconocer lo que en realidad son: un producto mental condicionado, impersonal y opcional.

Aunque el dominio sensorial transmitido por el *manas* sea no constructivo per se, es el campo donde germinan los deseos y los rechazos humanos más primarios. El hambre, la sed, el cansancio, la lujuria y el dolor son unas percepciones con un núcleo experiencial de sensaciones que al parecer están envueltas por la yoidad desde el principio. Cuando el yogui aplica a cada momento en el campo sensorial la decisión de no reaccionar *(vairagya)*, el posesivo control que el yo ejerce sobre el objeto percibido se suaviza o rompe.

Hatha yoga

Aunque los *Yoga sutra* no parezcan tratar sobre el hatha yoga, el análisis de la volición de Patáñjali es esencial para una segura y eficiente práctica del hatha yoga. Según su punto de vista, las acciones físicas y mentales son los efectos de unas causas anteriores condicionadas que están casi siempre imbuidas de sufrimiento. Por tanto, es difícil fomentar los movimientos yóguicos del cuerpo y la respiración sin intentar inconscientemente sentirse bien o eliminar algún aspecto indeseable de uno mismo o sin fortalecer el yo o intentar prolongar la vida. Patáñjali reconoce que las causas del sufrimiento proceden de no ver las cosas tal como son *(avidya)*. El ver *(vidya)* debe ser, por tanto, el principal objetivo de la práctica del hatha yoga, para que sus energías no se limiten a avivar el insaciable yo y sus insatisfacciones.

En realidad, la práctica de hatha yoga al principio puede estar motivada por un cierto grado de narcisismo. Después de todo el hatha yoga nos atrae porque es un poderoso método para fomentar alguna de las cosas que más preocupan al yo: la salud, el atractivo físico, la energía sexual y la longevidad. Cuando el apego hacia estas propiedades se esconde subliminalmente, sembrando en el yogui el apremiante deseo de trascender los fenómenos como el dolor y la fatiga sólo para llevar al cuerpo más allá de sus límites, la potente práctica del hatha yoga puede ser engañosa y perjudicial para él. Incluso una práctica que parezca ser dolorosamente abnegada puede estar motivada por la subliminal necesidad de adornar el yo con la particular virtud del ascetismo, lo cual no es sino otra clase de adorno. Los maestros sumamente evolucionados como Patáñjali y el Buda llegaron a considerar el impulso ascético como «casi un enemigo» del despertar, un impulso que aunque pareciera un apoyo, frenaba en realidad el progreso. Sin embargo, si el yogui lo practica con una sabia dedicación y estudio de sí mismo, el hatha yoga puede convertirse en una práctica realizativa, iluminando la naturaleza de las voliciones y los apegos, fomentando una absoluta autoaceptación y debilitando el control del yo y de su interesada perspectiva.

El camino yóguico de Patáñjali puede describirse como el cruzar una serie de umbrales perceptivos. Por poderosa que la práctica de hatha yoga sea, sobre todo en establecer la concentración y la consciencia, en general se encuentra lejos del umbral de quietud necesario para alcanzar el *samadhi*. Lo cual no significa que una eficaz práctica de hatha yoga no pueda producir una transparente y reveladora perspectiva de la experiencia del cuerpo-mente o provocar momentáneas epifanías. En realidad, si no fuera por el hecho de que la mayoría de sus movimientos requieren un ejercicio físico tan intenso que no pueden mantenerse durante más de varios minutos, el hatha yoga podría muy bien inducir el *samadhi*. Los procesos de interiorización y calma son los mismos en el *hatha-yogasana-pranayama* que en el *asana-pranayama* de Patáñjali, pero el primero es por naturaleza mucho más volitivo que el segundo, el cual termina prácticamente en el no hacer. Los efectos del *hatha-yogasana-pranayama* ocurren en una parte distinta del continuo de la actividad psicosomática, o *karma*. Por eso el hatha yoga puede ser sin duda una meditación en acción y un poderoso vehículo preparatorio para alcanzar una absoluta quietud, pero no es en sí mismo la práctica de *samadhi*.

Patáñjali era un realista entre idealistas, sus enseñanzas son un modelo de pragmatismo. El éxito de su programa, carente de ceremoniosidad o sentimentalismo, depende únicamente de la energía y dedicación que el yogui ponga en él. El despertar no es un acontecimiento intelectual —ni una actividad mental de ningún tipo—, sino que surge por sí solo cuando la carne y la sangre, la mente y la respiración, se han impregnado cada vez más del proceso de aquietamiento, *nirodha*. Ya que, aunque la mente desempeñe un papel fundamental al confiar en la posibilidad de su propia cesación y al recordar los pasos del camino yóguico que conducen a ésta, el discernimiento *(viveka)* y la sabiduría *(prajña)* no pueden surgir a no ser que las actividades cognitivas y el hacedor del yo hayan cesado; incluso la propia *prajña* ha de aquietarse para que la pura conciencia refleje la realidad última e impersonal.

Patáñjali siempre vuelve a la receta del no hacer como el medio más directo para el cuerpo y la mente de desaprender lo que creen saber y de adentrarse en el camino que lleva a la pura conciencia. La trayectoria del yoga nos guía por medio de la involución y la interiorización a la claridad de la quietud primordial.

La dualidad y la no-dualidad

El camino yóguico conduce a la realización, en la cual cada aspecto del ser se percibe tal como es. Cada experiencia o atributo del mundo —incluyendo uno mismo— aparece como compuesto por naturaleza, con todos sus elementos en un constante fluir. Este hecho es conocido directamente por una pura conciencia incondicionada e inmutable. Desde el punto de vista yóguico, a través de esta realización se perciben todo el sufrimiento y la confusión, y se neutralizan. Para alcanzar la libertad no es, por tanto, necesario conceptualizar, verbalizar la experiencia ni «encontrarle sentido».

Sin embargo, para comunicar la posibilidad de la liberación a los demás, poder describir el proceso yóguico y animar a otros a probarlo, es necesario hacer precisamente eso. Aunque Patáñjali conozca con claridad las limitaciones de la mente para conocerse a sí misma, hace un llamamiento a las mentes de sus seguidores y a todas las de los que desean recorrer el camino yóguico, ofreciéndoles un modelo conceptual de la realidad. En este sentido los *Yoga sutra* es una obra de filosofía técnica.

En cuanto el yoga entra en el dominio de la filosofía, la mente debe hacer valer su especial privilegio, por grandioso que sea, para reconocerse como el centro de todo conocimiento. Al ser así, ha de encontrar la respuesta a la siguiente pregunta: si la pura conciencia se halla en el corazón de todas las experiencias, ¿quién es el que la experimenta?

La pura conciencia es mucho más inmensa que el pensamiento. Mientras que ella aloja fácilmente todas las experiencias mentales, la mente es en cambio un recipiente demasiado pequeño como para contener la pura conciencia. Es demasiado pequeña porque, por lo visto, muchas de las funciones de la mente consisten en seleccionar las cosas agradables y dar detalles sobre ellas y también en filtrar o eliminar las desagradables. Incluso gran parte del contenido de la propia mente, como los valores condicionados que determinan lo que es agradable y lo que no lo es, es interiorizado y ocultado de la visión consciente para que la mente pueda funcionar eficazmente. A la mente le resulta imposible asimilar toda la corriente de fenómenos sensorio-mentales y, al mismo tiempo, también le cuesta captar aquello que no se puede captar. Éste es, por lo visto, uno de los factores que le impiden aceptar el hecho conocible según el cual la pura conciencia no necesita un experimentador ni un receptor.

En la psicología de Patáñjali, la mente no es el vehículo para la percepción directa de la realización, en la que el mundo se percibe como el dinámico fluir de los fenómenos contemplados por una conciencia inmutable e impersonal. Las cualidades de estos dos dominios, el de la mente y la pura conciencia, parecen ser tan opuestas que cualquier análisis inferiría que se excluyen mutuamente, como Patáñjali hizo, o reflejaría los aspectos de la mente totalmente distintos de los de la pura conciencia, como mantienen algunas tradiciones budistas.

Esta conclusión refleja la irresistible compulsión de la mente a conceptualizar y clasificar sus experiencias con relación al yo. La mente por naturaleza ordena las cosas y las compartimenta y, al mismo tiempo, identifica las leyes que gobiernan sus conductas y las diferencias que existen entre ellas. De manera que es correcto que la mente filosófica considere como dual la separación que Patáñjali hace entre la pura conciencia (*púrusa*), por un lado, y la mente (*citta*) y la naturaleza (*prákriti*) por otro.

Sin embargo, cualquier análisis filosófico ha de tener en cuenta también la formulación negativa del *púrusa* de Patáñjali, que él despoja de cualquier propiedad del yo. La pura conciencia no tiene atributos —carece de pensamiento, acción, causa, efecto, temporalidad, materialidad o interacción con el mundo—. Uno podría muy bien preguntarse: ¿acaso el acto de percibir no es la acción básica y característica de un yo? La respuesta de Patáñjali es que lo más importante del yoga es reconocer que percibir no es una actividad del yo en absoluto. Es decir, el yo se encuentra ante la pura conciencia y no detrás de ella.

Otra objeción que puede también surgir es: ¿acaso la «unión» del *púrusa* que se da con un ser individual a lo largo de la vida, la disolución y el renacimiento no son una especie de interacción? Aquí hay que recordar que la aparente indivisibilidad (*samyoga*) con la que la pura conciencia parece estar unida a un ser y a su mente no es una construcción de la pura conciencia, sino de la mente. Cuando el bullicioso instrumento de la mente (*citta*) se transforma mediante el aquietamiento (*nirodha*) yóguico y adquiere una cualidad que se parece a la luminosa naturaleza de la conciencia carente de propiedades, la ilusión de la unión se desvanece. Esto no se debe a ninguna acción del *púrusa*, que sólo *conoce* la acción, sino al hecho de que el *samyoga* es un ardid del (*citta*). Y este ardid del *samyoga* —la arraigada idea inconsciente acerca de que la pura conciencia y todo lo demás han de ser del mismo orden— es lo que hace que el aislamiento [independencia] (*kaival-*

ya) del *púrusa* sea algo tan desapacible y difícil de aceptar para ella. Si no fuera así y pudiera penetrar la unión de la pura conciencia y la mente, la liberación sería muchísimo más sencilla.

Por consiguiente, hay que reconocer que si el *yoga-dársana* es una filosofía dualista, se trata de un dualismo que lo contrapone todo a prácticamente nada, ya que el *púrusa* no es una entidad sustancial en ningún sentido, carece totalmente de cualidades o de esencia. No añade ni quita nada a lo que nosotros conocemos como universo, es tan sólo el mismo conocer. Sin embargo, antes de la experiencia directa del discernimiento, o *viveka,* no resulta tan fácil librarse de la concepción mental acerca de que el *púrusa* y la *prákriti* son dos entidades distintas aunque comparables (véase el comentario de II, 26).

En términos prácticos, el calificar el sistema de Patáñjali de dualista no afecta para nada su principal propósito de ser un vehículo para la realización y tampoco es importante para el yogui. En realidad, la transformación más decisiva en el proceso yóguico es la de descubrir la no-dualidad que subyace en los fenómenos, la cual se vuelve visible con la aparición de la fusión, o *samapatti. Samapatti* significa «la desaparición de las cosas», y descansar firmemente en él es el *samadhi,* o «la unión de las cosas». Cuando la mente se aquieta hasta el punto de ser como un espejo, se ven por primera vez todos los fenómenos perceptibles como una unidad no dual, aunque carezcan del propio acto de percibir.

Una vez la mente conceptual se ha aquietado y ha surgido la integración *(samadhi),* la experiencia directa de la distinción entre el *púrusa* y la *prákriti* es similar a la percepción no dual budista de la vacuidad, o *sunyata*. Patáñjali, al igual que Siddharta Gautama, descubrió que toda la experiencia mundana se compone de un sustrato granular de fenómenos perceptivos irreducibles que están fluyendo continuamente —una corriente de *dharma*—, en la que no pudo detectar la menor subjetividad. Y ni uno ni otro de los maestros tampoco pudo encontrar ningún yo o permanencia en el conjunto de componentes que convencionalmente se experimentan como el yo. Y ya que cada uno de los datos de la experiencia es el ardid de una mente impersonal, la percepción nunca constituye la realidad del objeto que representa. Aunque Patáñjali, a diferencia de Gautama, conceptualizara sus percepciones proponiendo un *púrusa* absolutamente independiente del mundo de los objetos que la mente tan fácilmente confunde por alguna clase de entidad.

Ofrecer una imagen intelectual del *púrusa* puede ayudar al yogui a abordar la verdadera naturaleza de la pura conciencia, al igual que la línea de un mapa de carreteras nos ayuda a llegar a nuestro destino, aunque en el fondo pueda ser un obstáculo debido a nuestra incapacidad mental y lingüística para adaptarnos a las aparentes observaciones paradójicas acerca de que la pura conciencia existe y, al mismo tiempo, no se encuentra en ninguna sensación, pensamiento o sentimiento. Uno de los puntos de los *Yoga sutra* es que los conceptos son útiles mientras uno tenga en cuenta que pertenecen a un distinto orden de conocimiento que el de la misma percepción. Al igual que los puntos de un mapa sólo son representaciones de ciudades reales, todos los conceptos acerca del *púrusa* son muy distintos de la propia realización del *púrusa*. Pero mientras que una ciudad es mucho más que un punto, el *púrusa* es mucho menos que aquello que simboliza, ya que carece de cualidades. Cada intento del yo de conferir sus propias aparentes cualidades al *púrusa* —solidez, localización, identidad, subjetividad, esencia, apropiación— infla al *púrusa* astronómicamente haciendo que parezca aquello que no es. Este dilema es la brecha que separa las palabras que usamos para describir el conocer y la encarnación.

Para el lector que desee utilizar los *Yoga sutra* como una guía que conduce a la realización, el principal propósito de la obra, es fundamental no identificarse con los conceptos de la dualidad o de la no-dualidad. Al igual que la línea de un mapa no es más que el símbolo de una autopista, los *Yoga sutra* no son más que una analogía conceptual del proceso yóguico, en el que toda la actividad discursiva ha de cesar para que la sabiduría pueda entrar. Para llegar a cualquier parte no hemos de mantener los ojos puestos en el mapa, sino en la carretera.

La carretera nos lleva al reino de unas profundas percepciones que nos revelan que todos los fenómenos están en realidad interconectados y son impermanentes, que la sustancia del yo es la misma que la del mundo, y que la pura conciencia no está coloreada por el yo ni por el mundo. Tal como reza un antiguo dicho indio: el loto crece en el lodo, pero no es contaminado por él.

Los Yoga sutra a la luz del budismo temprano

Un análisis comparativo de los *Yoga sutra* y del canon pali indica que Siddharta Gautama y Patáñjali emplearon una aproximación similar en su estudio del conocer y del ser, y llegaron a unas conclusiones parecidas. Además, los caminos que propusieron para poner fin al sufrimiento eran increíblemente parecidos. Aparte de las estructuras de sus sistemas metafísicos, que no suelen coincidir, las descripciones y las fórmulas de los mismos son en general compatibles.

Este hecho no debería sorprender a los que están familiarizados con la historia del pensamiento religioso indio. Las enseñanzas del Buda evolucionaron directamente de las tradiciones brahmánicas-upanisádicas de la contemplación yóguica, y pretendían esclarecerlas y mejorarlas, así que se basan en ese contexto cultural. Por tanto, es imposible no considerar la aproximación del Buda como yoga, y la realización que obtuvo puede verse como una invalorable aclaración de esas tradiciones. Asimismo, Patáñjali al actuar en un contexto cultural seis siglos posterior al del Buda, parece haber practicado deliberadamente el dharma y alcanzado una profunda realización. Su descripción de la misma es comparable a la del Buda, aunque la expresó en los términos de la cada vez más influyente cosmovisión del *samkhya*. Los *Yoga sutra* también contienen algunas ocasionales críticas contra el idealismo budista, popular en aquella época, aunque no es difícil imaginar a Siddharta Gautama reaccionando de la misma forma. En cualquier caso, el yoga de Patáñjali evolucionó hasta tal punto de la aproximación budista, que ha sido en sí mismo el desarrollo del yoga brahmánico-upanisádico. Este entramado de influencias es un rasgo característico del pensamiento filosófico indio.

Aunque el objetivo de este libro no sea comparar detalladamente el yoga clásico con el budismo, por lo general, puede afirmarse que, desde un punto de vista técnico, las prácticas yóguicas de los dos maestros son en esencia prácticamente las mismas, sólo existen algunas diferencias en el énfasis. Ambos métodos se centran en alcanzar la cesación *(nirodha)* por medio de la desapasionada observación de los fenómenos del cuerpo-mente desde una perspectiva cada vez más interiorizada, apoyada por una continua quietud. Los dos maestros hacen especial hincapié en las energías de la respiración, utilizadas como una atractiva ancla atencional y como un vehículo para calmar el cuerpo-mente. Además, el establecimiento de la quietud y la claridad del cuerpo-mente representa la primera etapa de la investigación dhármica progresiva del mismo conocer, una investigación que se presenta de una forma mucho más exhaustiva en el inmenso canon pali que en la única disertación de Patáñjali que se conserva. Asimismo, Gautama extiende hábilmente la práctica de la atención a las actividades de la vida cotidiana, un ámbito que no se trata explícitamente en los *Yoga sutra*.

Una de las principales discrepancias entre las dos tradiciones tiene que ver con sus distintos análisis del sufrimiento. Cada una identifica cuatro penetrantes verdades, aunque Patáñjali no las vincule en un *sutra* agrupándolas como hizo el Buda. Según la primera verdad, el sufrimiento *(duhkha)* está presente en todas las experiencias, incluida la yoidad. La segunda, afirma que *duhkha* tiene una causa. La tercera dice que se puede poner fin al sufrimiento de *duhkha*. Y, en cuarto lugar, ambos maestros identifican un camino que lleva al cese del sufrimiento.

La primera discrepancia entre las enseñanzas de las Cuatro Verdades se encuentra en la identificación de su causa. El Buda localiza el origen del *duhkha* en lo que él llama sed (en sánscrito, *trisna;* en pali, *tanha*), los deseos primarios que impulsan todas las voliciones, consistentes en adquirir, eliminar o convertirse en algo. Estas distintas clases de «sed» están condicionadas por las sensaciones *(védana)* a medida que surgen y no pueden considerarse, por tanto, absolutas.

Asimismo, Patáñjali encuentra el origen del sufrimiento en el deseo *(raga)*, el rechazo *(dvesa)*, la identificación con el yo y al apego al vivir *(asmita; abhinivesah)*. También reconoce que el deseo y el rechazo están condicionados por la experiencia sensorial, pero parece atribuir el instinto de conservación al sentido del yo, el cual crea la idea de que el yo es una entidad primordial y duradera y que hay que protegerla. Estas cuatro causas de sufrimiento *(klesas)* proceden de una única causa fundamental: no ver *(avidya)* que la pura conciencia es distinta de los fenómenos naturales que parecen crearla. Entre éstos se incluyen los sentidos, cuyos obnubilados productos se identifican con la pura conciencia que los contempla. Con lo que se proyecta un sentido ilusorio del «yo» que se sobreimpone a los fenómenos percibidos. El sentido del «yo» debe ser sustentado porque se experimenta de manera equivocada como la fuente del conocimiento y se considera, por lo tanto, erróneamente como precioso e irreemplazable. El yoga revela la verdadera fuente del conocer, el imperturbable *púrusa*, que convierte al yo y sus dramas de supervivencia en irrelevantes.

Del mismo modo que no reconocer la diferencia entre la pura conciencia y la mente acaba dando a los fenómenos impersonales del yo una sensación ilusoria de subjetividad, también da a los objetos una falsa sensación de talidad. Cada una de las cuatro causas secundarias del sufrimiento *(klesas)* añade algo a un objeto al prestarle unas propiedades que existen sólo con relación a la ilusión del yo. El sentido del yo *(asmita)* establece entonces el fantasma de la presencia del yo, generando un bucle infinito en el que el yo «apropiándose» de la experiencia, magnifica la importancia que él tiene y hace que se apegue a su propia existencia *(abhinivesa)*. El deseo *(raga)* infunde al objeto deseado la propiedad de necesidad con relación al yo y, en cambio, la aversión *(dvesa)* hace que sea repulsivo e intolerable para él. De esta forma, todos los objetos, incluyendo la experiencia del yo, se amplifican y prolongan mucho más allá de su mutabilidad intrínseca.

Aunque Gautama en la segunda Noble Verdad llamara «sed» a la principal causa del sufrimiento, también enseñó, sobre todo en el *Maha-satipatthana-sutta* (en pali, «Gran discurso sobre el establecimiento de la atención»), que el propósito de esclarecer la naturaleza de los fenómenos era para reconocer y extinguir las «llamas» del deseo *(raga)*, el rechazo *(dvesa)* y la confusión *(moha)* que inflaman la experiencia.

Patáñjali no era un idealista como algunos de los budistas de su época. Sostenía que los objetos eran reales y que no se desvanecían cuando uno se apartaba de ellos (IV, 16). Lo que ocurría era que las propiedades aparentemente básicas de un objeto —proyectadas sobre la percepción ordinaria en unas proporciones de luz, movilidad y masa *(gunas)* que siempre están cambiando—, no eran en realidad esenciales. Y todas esas propiedades en apariencia básicas surgen sólo en relación a un yo que es en sí mismo una construcción ilusoria. Aunque esta visión difiera con la concepción de la vacuidad mucho más inclusiva del mahayana y con la subjetividad que se estaba desarrollando en la época de Patáñjali, se parece bastante a las enseñanzas de Siddharta Gautama.

El hecho de que las apariencias de los fenómenos se perciban erróneamente de una manera tan crónica indica lo burdas que son nuestras formas cotidianas de percibir el mundo, las cuales pueden trascenderse a través del entrenamiento yóguico. Patáñjali, al igual que el Buda, recalca que el deseo, el rechazo y el hacedor del yo están condicionados y son relativos, y que los propios contenidos que los originan son al mismo tiempo, cuando se ven desde la óptica correcta, el terreno para la liberación de los mismos (II, 18). Según este punto de vista, una vez el yogui ve la experiencia correctamente *(vidya)*, la superficie de su mente se convierte en el espejo que le refleja la libertad *(kaivalya)* de la pura conciencia. Y la tercera verdad, enumerada por los dos maestros, consiste en que este punto de vista iluminado surge con el cese *(nirodha-samapatti)* de toda la actividad volitiva tanto física como mental procedente de esos vivos deseos. La enseñanza de Patáñjali, interpretada según la visión del *samkhya*, describe detalladamente el proceso de la impresión, el almacenamiento y la liberación de las impresiones latentes *(samskaras)* de la experiencia interior y exterior, y lo define como el mecanismo a través del cual el sufrimiento se perpetúa.

Con relación al Óctuple Sendero de cada uno de estos dos maestros concebido para poner fin al sufrimiento, Patáñjali aborda el problema de la condición humana de una forma algo distinta a la de su predecesor, ya que expone el camino que lleva al fin del sufrimiento como una serie de umbrales en los que tiene lugar la unción. Aunque el progreso en el camino yóguico se componga o dependa de los mismos elementos del Óctuple Noble Sendero del Buda, Patáñjali no les asigna sin embargo la condición de «miembros» *(angam)*. Entre los que se incluyen la decisión de practicar *(abhyasa)* y el desapego *(vairagya)*, que se corresponden más o menos al esfuerzo justo del Buda, necesario para sustentar los estados sanos de la mente y eliminar los poco sanos (véase también II, 33; II, 34). Mientras que el Buda hace un gran hincapié en las especiales cualidades de la palabra, el medio de vida, la comprensión y el pensamiento justos, Patáñjali en cambio utiliza su formulación del Óctuple Sendero para centrarse en unos elementos que están más relacionados con las fronteras de la unción de una creciente interiorización, como las disciplinas internas *(níyamas)*, la postura *(asana)*, la respiración *(pranayama)*, el recogimiento *(prathyahara)* y la «perfecta disciplina» del *sámyama*. Después de hacerlo, explica detalladamente algunas de las cualidades mencionadas por el Buda, incluyendo los efectos de los pensamientos sanos y la naturaleza de la sabiduría *(prajña)*. Pero como ya he mencionado antes, el Buda es el que ofrece el camino de la investigación con más detalle.

Aunque el camino budista y el yóguico sean tan parecidos, hay un aspecto de sus modelos metafísicos que resulta difícil de conciliar. Siddharta Gautama, al vivir en una época influenciada por las Úpanisad, rechazó meticulosa y reiteradamente la idea vedantina según la cual existe la entidad de un alma *(atman)* inmutable que reside en el mundo fenoménico y en su continuo fluir. Este hecho no coincide con la visión de Patáñjali, al menos tal como se interpreta en el estilo tradicional vedantino que predomina en la actualidad. Es interesante observar que el *púrusa* de Patáñjali difiere en cierto modo del *atman* vedantino. El *atman* vedantino se vincula sin duda a un ser individual *(jiva)*, pero a través de la realización se ve que no es distinto de la matriz universal *(Brahman)*, que es tanto absoluto como relativo y se despliega como el mundo a través de la manifestación de *isvara*. En cambio, para Patáñjali, *isvara* es un *púrusa*, y los *púrusas* no interactúan con el mundo ni tampoco son afectados por su manifestación. Ni siquiera queda claro si el *púrusa* es algo individual, aunque esté sumergido en la identidad de la mente individual. Para Patáñjali, el *púrusa* es simplemente el principio de la conciencia impersonal y nada más. Este hecho quizá no coincida con las enseñanzas budistas acerca de que todos los fenómenos carecen de un yo (en pali, *sabbe dhamma anatta*), entre los que se incluyen el reino condicionado de la experiencia y el reino incondicionado del *nirvana* (en pali, *nibbana*). Aunque uno podría muy bien preguntarse: ¿qué es aquello que conoce la naturaleza de la insatisfacción, la impermanencia, la ayoidad y el *nirvana*? Tanto Patáñjali como Siddharta Gautama coincidirían en que aquello que los conoce no es nada que se parezca en lo más mínimo a un yo o ni siquiera a un «eso».

Los Yoga sutra a la luz del conocimiento científico contemporáneo

Quizá la mayor diferencia entre la práctica moderna y la antigua tenga que ver con los objetivos subyacentes en la meditación en el pasado y en el presente. En el pasado los yoguis recorrían el camino del despertar por dos motivos inextricablemente unidos. El primero era liberarse del sufrimiento al ver más allá de las apariencias de la mente y realizar la pura conciencia. El segundo, descubrir los secretos del mundo fenoménico: al cultivar los poderes de la concentración y la observación, los yoguis captaban con más profundidad lo que era en realidad el mundo y cómo actuaban sus objetos. Este segundo ámbito de exploración yóguica, inseparable del primero, era científico, investigador y descriptivo, abarcaba tanto lo que hoy se denomina psicología como los aspectos de la ciencia médica y la filosofía. También era fenomenológico, ya que se basaba principalmente en aquello que la conciencia de las experiencias sensoriales y mentales per se podía experimentar directamente, en lugar de conocerlo por medio de inferencias. Aunque los *Yoga sutra* de Patáñjali traten sobre todo de la liberación del sufrimiento, también intentan describir qué y cómo es el mundo, en gran parte según la visión del *samkhya*.

Patáñjali afirma en el aforismo IV, 16 que objetivamente el mundo es real, aunque cada observador lo vea de distinta forma. Sin embargo, a la luz de esta afirmación hay que reconocer que en la actualidad ciertos aspectos del mundo se conocen mucho más que en la época de Patáñjali y que él alcanzó el conocimiento que tenía del mundo principalmente por medio de inferencias científicas. Patáñjali consideraba sin duda que esta clase de conocimiento era válido y potencialmente útil para alcanzar la realización.

Al margen del respeto que uno sienta por la profundidad de la investigación fenomenológica de Patáñjali, al yogui moderno le resultaría difícil, y quizá fuera poco sensato por su parte, aceptar totalmente el paradigma científico de los *Yoga sutra* sin cuestionárselo. Por ejemplo, en la actualidad sabemos que la mayoría de fenómenos naturales están más allá del alcance de la percepción humana. La mayor parte de la naturaleza se manifiesta en forma de unos eventos demasiado lentos, rápidos, inmensos o infinitesimales como para poder observarlos directamente. Nuestros sentidos, por ejemplo, no pueden percibir el crecimiento de la mayoría de las cosas, ya sea una montaña, un árbol o nuestras propias uñas. Mientras tanto, las partículas, los meteoritos y las ondas de los rayos ultravioletas que pasan a nuestro alrededor son para nosotros tan invisibles como las alas de un colibrí. Incluso somos incapaces de sentir que estamos sobre un planeta o que nos componemos de moléculas, y menos aún de átomos.

En la actualidad nos están recordando continuamente que gran parte de nuestra existencia, por no decir toda, trasciende nuestros sentidos. Nuestra cultura posee un profundo conocimiento sobre unos hechos que en la antigüedad se desconocían. Hoy día la mayoría de niños, incluso los más pequeños, han visto, por ejemplo, imágenes de las galaxias y del ADN que contienen una información que sin duda habría interesado a Patáñjali e influido sobre su visión. Como conocemos en parte el inconcebible poder de los radio telescopios y de los microscopios electrónicos, nuestro sentido interiorizado del alcance orgánico perceptivo de los seres humanos ha disminuido drásticamente en comparación con el de las personas de la antigüedad.

Patáñjali afirma que en todo el mundo no hay dos personas que vean un objeto de la misma manera y reconoce que gran parte de la naturaleza es inmanifestada y no puede conocerse directamente. Sin embargo, concluye que la materia está experimentando precisamente la misma clase de transformaciones que él observa con relación a la mente *(citta-vritti)*. Los observadores de antaño que carecían de un escepticismo interiorizado sobre el alcance de sus percepciones, esclarecidas yóguicamente, quizá no pudieron librarse de la ilusión de creer que el mundo y las partes de las que se componía actuaban con los mismos procesos que los de la mente que los representaba. La fenomenología se refundió, por tanto, con el naturalismo. Aunque esta idea parezca correcta y pueda satisfacer cualquier anhelo idealista que uno tenga sobre la posibilidad de la omnisciencia, ya no concuerda con los conocimientos científicos actuales.

Aunque en ciertos aspectos los modelos médicos contemporáneos hayan eclipsado la visión del *samkhya-yoga,* los yoguis estaban en lo cierto al concluir que la mente está hecha de la misma sustancia que todo lo demás. Este hallazgo ya es de por sí asombroso. Además, los descubrimientos de Patáñjali sobre la impersonalidad de los procesos de la mente son difíciles de refutar, porque no se basan en inferencias sino en el conocimiento directo, que ve más allá de las apariencias del yo y el mundo y percibe cómo sus diferencias se disuelven.

Si el conocimiento científico moderno hace que sea difícil aceptar el punto de vista del *samkya,* que Patáñjali compartía, según el cual la pura conciencia es distinta de la naturaleza, nuestro creciente conocimiento de la arquitectura y las funciones cerebrales explica en gran parte por qué, en un importante sentido, la descripción de Patáñjali parece correcta. Aunque todas las formas de la conciencia se atribuyan en la actualidad a la actividad neuronal del cerebro y a la del resto del sistema nervioso central y periférico, la conciencia per se no parece residir en las neuronas, sino en los combinados patrones energéticos que éstas evocan. Incluso una simple representación implica unas secuencias de estimulación neuronal inconcebiblemente complejas, presentadas en un orden parecido al de un holograma, pero sin hacerlo en un lugar identificable. Aunque la sucesión de los momentos de representación que Patáñjali deconstruye pueda más o menos compararse a los fotogramas de una película, no hay un cine en ninguna parte del cerebro, en realidad, ni siquiera hay una pantalla sobre la que puedan parpadear esos patrones mentales.

En cierto sentido, todo el conocer carece, por tanto, de una esencia o de un lugar, tanto desde el punto de vista budista como del yóguico. Cada aspecto de la experiencia no está codificado ni se repite en las propias neuronas, sino en sus patrones colectivos de impulsos nerviosos. Este hecho da al yogui moderno una base más sólida para comprender el punto de vista de Patáñjali sobre la pura conciencia y también el concepto de las impresiones latentes, o *samskaras*. Y a medida que el sistema nervioso se vuelve más agudo y sensible a su propio funcionamiento interior, empieza a intuir cómo la experiencia en sí se almacena —y cómo aflora luego en forma de nuevos pensamientos y acciones condicionados por los anteriores— al captar la naturaleza secuencial de los fenómenos en lugar de intentar localizar una topografía material en concreto.

Por tanto, para aceptar la visión de causa y efecto de Patáñjali, tal vez no sea necesario recurrir a la idea de renacimiento basada en las creencias predominantes en la cultura de su época, ya que el funcionamiento del ciclo de *karma-samskara-karma* puede captarse claramente sin necesidad de entrar en especulaciones metafísicas relacionadas con el almacenamiento de las impresiones latentes como energía o con su supervivencia después de la muerte. Además, los rasgos increíblemente personales que aparecen incluso en los niños pequeños puede atribuirse más a unos factores hereditarios o congénitos que a la transmigración de las semillas sembradas en una vida anterior. La ciencia de la genética ayuda a explicar muchos de los aspectos de la vida que en el pasado se habían atribuido al renacimiento, aunque la influencia que nuestros pensamientos y acciones —nuestro *karma*— ejerce sobre el legado hereditario que transmitimos a nuestros hijos todavía no se comprenda a fondo en la actualidad.

Muchos yoguis famosos e influyentes tanto del pasado como del presente —el más célebre de ellos, el Buda— concluyeron que podemos despertar por completo sin necesidad de entregarnos a especulaciones metafísicas. De igual modo, es posible recorrer el camino yóguico, del principio al fin, alcanzando su decisiva liberación, sin haber tenido que considerar —y mucho menos ejercer— la mayoría de los poderes chamánicos citados en el capítulo 3, por no decir todos. El mismo Patáñjali coloca el logro de discernir el *púrusa* de la *prákriti* por encima de otros poderes, los cuales pueden considerarse como unas distracciones que alejan al yogui del verdadero objetivo del yoga: la liberación. Y el discernimiento no puede inferirse, ha de experimentarse directamente, incluso en el caso de los científicos cognitivos.

Pero hay una pregunta todavía sin responder: ¿el *púrusa* es real o no es más que una representación neuronal? La propia palabra *representación* implica algo que está siendo manifestado por otra cosa, sin embargo la pura conciencia da la impresión de ser irreducible. Al experimentar el discernimiento, se siente la cualidad suprema del *púrusa,* el hecho de ser la sin-esencia de la esencia de la realidad, el ojo detrás del ojo. Patáñjali describe el *púrusa-isvara* afirmando que no está condicionado por la causa ni el efecto, y que es universal, en lugar de describirlo como autogenerado, o sea que sin duda consideraba que la pura conciencia era absolutamente no-física. Sin embargo, podría ser simplemente la matriz de la conciencia, que permanece invisible a no ser que cesen todas las representaciones corticales y que la mente se aquiete hasta el punto de dejar de estar coloreada por cualquier actividad constructiva o asociativa. Sólo entonces parece que la conciencia esté libre *(kaivalya)* de los innumerables atributos y mandatos del mundo que suelen reflejarse en la enciclopédicamente condicionada perspectiva de la corteza cerebral.

En cualquier caso, conocer las cosas directamente tal como son sigue siendo muy distinto de interpretarlas. Al igual que la música, donde analizar en silencio la partitura de una sinfonía es instructivo pero nunca puede reemplazar a los sonidos reales captados por el oído, la teoría nunca puede reemplazar a la práctica yóguica.

El kriya-yoga, el camino de la acción

Del mismo modo que la adquisición de poderes preternaturales no puede considerarse la meta última de los *Yoga sutra,* el propósito y el valor de la obra tampoco son sobre todo intelectuales o científicos. Es poco probable que Patáñjali pretendiera que sus discípulos se concentraran en sus afirmaciones filosóficas, salvo en el sentido que constituían un apoyo para el proceso de unción. Los *Yoga sutra* hacen, por tanto, hincapié en el *kriya-yoga,* o la acción yóguica, los tres componentes de la cual son la intensidad *(tapas),* el estudio de sí mismo *(svadhyaya)* y la orientación de la mente *(pranidhana)* hacia *isvara,* la representación divina de la pura conciencia.

Como los *Yoga sutra* se compusieron probablemente como una especie de libro de texto, es mejor comprenderlos y utilizarlos en el contexto de una relación interactiva entre maestro y discípulo. Por desgracia, en la actualidad hay muy pocos maestros de yoga que posean unos conocimientos y una realización personal que los califique para este propósito. Y en la antigüedad sucedía lo mismo. A lo largo de la historia siempre han escaseado los sabios plenamente realizados capaces de enseñar con eficacia, y hoy día probablemente siga ocurriendo lo mismo. Además, las cualidades que Patáñjali valoraba —la disciplina, el estudio de sí mismo y la entrega— son sumamente personales y deben surgir por iniciativa propia. Y a pesar de la necesidad que tenemos de un guía, en el fondo hemos de recorrer el camino solos.

De entre estas tres valiosas cualidades, el estudio de sí mismo, o *svadhyaya,* es la forma en que podemos comprender y asimilar el programa de Patáñjali en la actualidad en nuestra propia vida. El *svadhyaya,* como el resto del sistema yóguico, es un proceso unitario formado de distintos elementos interdependientes. El primero implica estudiar con regularidad los *sutras* con una actitud abierta y humilde. Aunque no hay que olvidar nunca que los *Yoga sutra* y otras enseñanzas de sabiduría, al ser unas obras creadas por el hombre, son imperfectas de manera inevitable, se debe reconocer que sus limitaciones no pueden comprobarse realmente hasta captar con claridad las verdades que exponen. Lo mismo ocurre sobre todo con las enseñanzas que destacan la acción por encima de la teoría. Para comprender con claridad los sutiles significados de muchos conceptos yóguicos, es necesario practicar y reflexionar durante mucho tiempo.

El segundo elemento del *svadhyaya* es la compasiva aunque implacable observación diaria de los pensamientos y acciones de uno. Patáñjali, en lo que podría muy bien ser un gesto de aprobación hacia el variado panteón de deidades existente en su época, menciona que el estudio de los *sutras*, y quizá también su recitación, «profundiza la comunión con la deidad personal» (II, 44). Sin embargo, más revelador es aún el reiterado énfasis que Patáñjali pone a lo largo de los *Yoga sutra* en la importancia del estudio de sí mismo. Sin un riguroso autoexamen diario, es demasiado fácil caer en los habituales patrones internos y externos de conducta que impiden el incipiente despertar y perpetúan los viejos ciclos de percepción errónea y sufrimiento. Tal como Patáñjali señala con relación a los *yamas* y *níyamas,* cuando el yogui vive de acuerdo con éstos, es el que más se beneficia de ello, aunque también ejerzan unos poderosos efectos sobre los otros seres.

El tercer elemento del *svadhyaya* consiste en comparar minuciosamente las descripciones de la pura conciencia de los *Yoga sutra* con la propia experiencia. Este texto, al igual que otros antiguos textos yóguicos y budistas, detalla los niveles de percepción interior que se establecen principalmente a través de la práctica yóguica y desde entonces estos niveles nunca se han vuelto a describir de una forma tan exhaustiva ni exacta. Las lenguas modernas tienen pocos equivalentes, por no decir ninguno, que se adapten al lenguaje preñado de significado de los textos sánscritos y palis. Por ejemplo, para comprender una palabra como *samapatti*, es necesario aventurarse en el mismo camino que los yoguis de la antigüedad, observando atentamente los movimientos del cuerpo y de la respiración hasta que el fenómeno de la fusión sea evidente. Este aspecto del estudio de sí mismo es el que desarrolla los conceptos de Patáñjali y también el que revela la incapacidad de cualquier lengua, incluso la de unas lenguas tan sumamente evolucionadas como el sánscrito y el pali, para transmitir las verdades esenciales del yoga.

En el último elemento del *svadhyaya* el yogui se compromete a seguir las directrices de los *Yoga sutra* fielmente, aunque le alejen de todo aquello que creía le daba vida. Toda la trayectoria del proceso yóguico nos aleja de lo que creíamos que era la vida, llevándonos a un grado de quietud y absorción meditativa tan profundos que la mente no puede evitar asociarlo con la vacuidad. No sólo dejamos de entregarnos a los goces de la comida, la bebida, el sexo y los lujos materiales, sino que incluso dejamos de movernos y de respirar durante largos periodos de tiempo, reaccionando con desapasionamiento incluso a las sensaciones o emociones más imperiosas. Ya no nos permitimos regodearnos en el deslumbrante despliegue de pensamientos que nuestra increíblemente prolífica mente produce sin cesar, ni nos identificamos con cualquiera de sus contenidos, aunque en el pasado los hubiéramos experimentado como «nuestros».

El yo, por supuesto, no puede soportar esta unción con alegría. Desde su punto de vista mundano, esta evolución puede producir una mentalidad insulsa, despojada de la sabrosa intensidad que sólo los pensamientos y los deseos parecen proporcionar. Sin embargo, la acción yóguica nos lleva más allá del solipsismo del yo. A medida que el cuerpo-mente se aquieta, el yogui empieza a ver con una asombrosa claridad que toda la experiencia está sembrada con las causas del sufrimiento. Las semillas se encuentran bajo la superficie de la conciencia, pero están germinando continuamente en los pensamientos y las acciones de uno, volviendo a sembrar el terreno de nuestro ser de deseo, aversión, egoísmo y apego a la vida. Al verlo, el yogui está preparado para liberarse de la narcisista autocracia del yo.

Huelga decir que el yo se resiste a cualquier método que implique abandonar realmente los apegos. Patáñjali nos dice en los aforismos III, 52 y IV, 27 que incluso ante la posibilidad del inminente despertar, el yo está dispuesto a hacer valer sus privilegios de propietario de la experiencia. Después de todo, si la realización va a tener lugar, el «yo» y el «mío» no quieren perdérsela.

Así pues, para que el cambio tenga lugar hay que poner mucha energía y transformarla en el calor de la intensa disciplina, o *tapas*. En la formulación de Patáñjali de la acción yóguica, o *kriya yoga*, la unción se fortalece por medio de *tapas*, que se genera a muchos niveles de la experiencia humana. En la vida cotidiana esto significa hacer que la realización sea prioritaria para uno, no sólo practicando constantemente y dedicándose por completo a entrar en el proceso de aquietamiento *(nirodha)* meditando a diario, sino también alineando cada aspecto de nuestro trabajo y relaciones con el proceso del despertar. En la práctica del aquietamiento, el *tapas* es la energía que aviva tanto el fijar de nuevo con persistencia la atención *(abhyasa)* en el objeto elegido, como el estar dispuesto a ver todas las experiencias con claridad en lugar de reaccionar a ellas *(vairaya)*. A un nivel psicológico y energético, *tapas* es el calor surgido de la purificación física, sobre todo el generado por medio de las técnicas tántricas posteriores como el hatha yoga, y el «calor de la entrega» que se crea al abrir totalmente nuestras válvulas para que pueda penetrar el torrente de la experiencia momentánea. Cada vez que surge en nosotros el impulso de pensar o de actuar según unos condicionados y arraigados patrones que generan sufrimiento y conseguimos no reaccionar a ese impulso, estamos en efecto practicando una pequeña pero significativa austeridad que libera una inmensa cantidad de energía. Y sólo muriendo a aquello que creíamos ser lograremos entrar al sublime reino de lo que realmente es.

La meta suprema del *kriya yoga* es, en el fondo, reconocer que en todas las experiencias fenoménicas subyace una pura conciencia trascendente e intemporal. Si de entre todo cuanto existe hay algo que pueda llamarse divino, es sin duda la natural perfección de ese testigo que ve más allá de las proyecciones ilusorias de la mente. *Isvara* y *púrusa*, concebidos por Patáñjali como divinos e universales, como la pura percepción, son la orilla sagrada que cualquier yogui espera alcanzar en su viaje interior. A medida que nos embarcamos en nuestro viaje, podemos buscar apoyo y guía en las palabras de Patáñjali: para los que buscan la liberación con entusiasmo, la realización está cerca. Reuniendo las hebras de un antiguo conocimiento yóguico, Patájñali tejió un bramante —un *sutra*— que señala el camino que conduce a la libertad. Al tomar este bramante y seguirlo, descubrimos que en lugar de alejarnos del yo, nos lleva directamente al corazón del mismo.

Apéndice A

Los Yoga sutra traducidos al español

Capítulo 1. La integración

1 Veamos las enseñanzas del yoga.
2 El yoga consiste en aquietar los patrones de la mente.
3 La pura conciencia puede entonces morar en su propia naturaleza.
4 De lo contrario, la pura conciencia se confunde con los patrones de la mente.
5 Hay cinco clases de patrones, incluyendo los perjudiciales y los beneficiosos.
6 Son la percepción correcta, la percepción errónea, la conceptualización, el sueño profundo y el recordar.
7 La percepción correcta surge de la observación directa, las inferencias o las palabras de los demás.
8 La percepción errónea es el falso conocimiento, no se basa en las cosas tal como son.
9 La conceptualización se basa en el conocimiento lingüístico, no en el contacto con las cosas reales.
10 El sueño profundo es un patrón basado en la percepción de que nada existe.

11 Recordar es la retención de las experiencias.

12 Para aquietar los patrones de la mente, son necesarias tanto la práctica como la no reacción.

13 La práctica consiste en el continuo esfuerzo para permanecer en esa quietud.

14 Esta práctica se arraiga firmemente cuando se cultiva de manera hábil y continua durante mucho tiempo.

15 En cuanto a la no reacción, uno reconoce que la ha alcanzado por completo cuando no se apega a nada, tanto si se trata de algo percibido directamente como de algo aprendido.

16 Cuando se ha alcanzado el nivel supremo de la no reacción, se percibe claramente que la pura conciencia es independiente de las cualidades fundamentales de la naturaleza.

17 Al principio el proceso de aquietamiento va acompañado de cuatro clases de cognición: los pensamientos analíticos, la clara visión, el gozo y el sentido del yo.

18 Más tarde, después de practicar con regularidad para que cesen, las cuatro clases de cognición desaparecen, dejando sólo un cúmulo de impresiones latentes almacenadas en las profundidades de la memoria.

19 Estas impresiones latentes le predisponen a uno a renacer después de abandonar el cuerpo al morir y de disolverse éste en la naturaleza.

20 De entre todas las demás, la fe, la energía, la atención, la integración y la sabiduría forman el camino de la realización.

21 Para los que anhelan sinceramente liberarse, la liberación está cerca.

22 Lo cerca que esté depende de si la práctica es ligera, moderada o intensa.

23 La realización también llega si uno orienta su vida hacia el ideal de la pura conciencia: *isvara*.

24 *Isvara* es una clara e incorruptible forma de la pura conciencia, totalmente independiente de la causa y el efecto, y carece de cualquier impresión latente.

25 Su independencia hace que esta pura conciencia sea una incomparable fuente de omnisciencia.

26 *Isvara* fue también el ideal de los antiguos porque trasciende el tiempo.

27 *Isvara* se representa por medio del sonido *om*.

28 Su significado se capta con claridad a través de la repetición.

29 La interiorización se desarrolla entonces y los obstáculos desaparecen.

30 Las enfermedades, la apatía, las dudas, la falta de atención, la pereza, la lujuria, la ilusión o engaño, la falta de progreso y la inconstancia son unas distracciones que, al agitar la mente, se convierten en obstáculos para la quietud.

31 Cuando surgen el practicante puede experimentar angustia o depresión, o ser incapaz de mantener la postura corporal correcta o de respirar con uniformidad.

32 Estas distracciones se subyugan trabajando con cualquiera de los siguientes principios de la práctica.

33 La mente se calma a medida que el practicante irradia bondad, compasión, alegría y ecuanimidad hacia todas las cosas, tanto si son agradables o desagradables, buenas o malas.

34 O haciendo una pausa al final de la inspiración y la espiración.

35 O observando constantemente cómo se materializan las nuevas sensaciones.

36 O al experimentar pensamientos luminosos libres de sufrimiento.

37 O al concentrarse en cosas que no infunden apego.

38 O al reflexionar en las percepciones interiores obtenidas en el sueño y los sueños.

39 O por medio de la absorción meditativa en cualquier objeto deseado.

40 La absorción meditativa puede realizarse con cualquier objeto, tanto si es inmenso como infinitesimal.

41 A medida que los patrones mentales van cesando, la mente se impregna de una forma transparente de percibir el mundo fenoménico, llamada fusión; clara como una joya, refleja por igual todo cuanto se encuentra ante ella, ya sea el sujeto, el objeto o el acto de percibir.

42 Mientras esta transparencia esté impregnada de conocimiento conceptual o lingüístico, se denomina fusión con pensamiento.

43 En la siguiente etapa, llamada fusión más allá del pensamiento, los objetos dejan de estar empañados por la memoria, ahora sólo brilla la no forma, la naturaleza esencial de los mismos.

44 Asimismo, la contemplación fusionada de los objetos sutiles se describe como fusión reflexiva o como fusión sin reflexión.

45 En la naturaleza indiferenciada se percibe el origen de los objetos sutiles.

46 Las cuatro clases de contemplación fusionada —con pensamientos, más allá de los pensamientos, reflexiva o sin reflexión— se denominan la integración que produce las semillas de las impresiones latentes.

47 En la lucidez de la contemplación fusionada sin reflexión, se percibe con claridad la naturaleza del yo.

48 La sabiduría surgida de esa lucidez es infalible.

49 Esta sabiduría, a diferencia de las percepciones interiores adquiridas a través de inferencias o enseñanzas, tiene como objeto la misma distinción entre la pura conciencia y la mente.

50 Genera unas impresiones latentes que impiden la activación de otras impresiones.

51 Cuando incluso esas impresiones latentes dejan de surgir y los patrones de la mente se aquietan por completo, la integración no produce más simientes.

Capítulo 2. El camino de la realización

1 La acción yóguica se compone de tres elementos: la disciplina, el estudio de sí mismo y la orientació de la mente hacia el ideal de la pura conciencia.

2 Sus objetivos son desarmar las causas del sufrimiento y alcanzar la integración.

3 No ver las cosas tal como son, el sentido del «yo», el apego, el rechazo y el apego a la vida son las causas del sufrimiento.

4 No ver las cosas tal como son es el campo donde germinan las otras clases de sufrimiento, ya sea latente, activado, interceptado o debilitado.

5 La falta de sabiduría da lugar a que se confunda aquello que es impermanente, impuro, perturbador o carente de yo, con la permanencia, la pureza, la felicidad y el yo.

6 El sentido del «yo» atribuye una yoidad a la pura conciencia al identificarla con los sentidos.

7 El apego es un residuo de una experiencia placentera.

8 La aversión es un residuo de un sufrimiento.

9 El apego a la vida es instintivo y autoperpetuable, incluso en los sabios.

10 En su forma sutil, las causas del sufrimiento se subyugan viendo de dónde proceden.

11 En su forma burda, los patrones de la mente se subyugan por medio de la absorción meditativa.

12 Las causas del sufrimiento son la causa raíz de las acciones; cada acción deposita unas impresiones latentes en las profundidades de la mente, que se activan y experimentan más adelante en esta existencia o bien permanecen ocultas para surgir en una vida futura.

13 Mientras esta causa raíz exista, sus contenidos madurarán en un nacimiento, una vida y una experiencia.

14 Esta vida estará marcada por la dicha o el sufrimiento, según las acciones buenas o malas que se hayan acumulado en el almacén de impresiones latentes.

15 El sabio ve sufrimiento en todas las experiencias, ya sea en la desdicha creada por la impermanencia, en las impresiones latentes cargadas de sufrimiento o en

los incesantes conflictos formados por las cualidades fundamentales de la naturaleza que compiten por ascender.

16 Pero el sufrimiento que aún no ha surgido puede evitarse.

17 La causa evitable de todo este sufrimiento es la aparente indivisibilidad de la pura conciencia y de aquello que contempla.

18 Aquello que la pura conciencia contempla, en concreto el mundo fenoménico, personifica las cualidades de la luminosidad, la actividad y la inercia; incluido a uno mismo, compuesto de los elementos y los sentidos; y esa contemplación es la base tanto de la experiencia sensorial como de la liberación.

19 Todas las clases de seres —indiferenciados, diferenciados, indistintos y distintos— son las manifestaciones de las cualidades fundamentales de la naturaleza.

20 La pura conciencia es simplemente la misma percepción; aunque sea pura, normalmente parece funcionar por medio de la mente perceptiva.

21 En esencia, el mundo fenoménico existe para revelar esta verdad.

22 Una vez revelada, el mundo fenoménico ya no aparece como tal, aunque sigue existiendo como una realidad común a todos los otros seres.

23 En virtud de la aparente indivisibilidad entre la pura conciencia y el mundo fenoménico, éste parece poseer los poderes de la pura conciencia.

24 No ver las cosas tal como son es la causa de este fenómeno.

25 Al alcanzar la realización, la aparente indivisibilidad desaparece, revelando que la pura conciencia es libre y que los fenómenos no le afectan.

26 La aparente indivisibilidad que existe entre el observador y lo observado se elimina cultivando una ininterrumpida distinción entre la pura conciencia y aquello que contempla.

27 En el nivel último de la distinción, la sabiduría se extiende a los siete aspectos de la naturaleza.

28 Cuando se practican los componentes del yoga, las impurezas disminuyen; entonces brilla la luz de la comprensión, iluminando el camino hacia la conciencia discernidora.

29 Los ocho componentes del yoga son la disciplina externa, la disciplina interna, la postura corporal, el control de la respiración, la introspección, la concentración, la absorción meditativa y la integración.

30 Las cinco disciplinas externas son el no dañar, la veracidad, no robar, la continencia y el desprendimiento.

31 Estas disciplinas universales, trascienden la casta, el lugar, la época y las demás circunstancias del practicante, y constituyen el gran voto del yoga.

32 Las cinco disciplinas internas son la purificación física, la aceptación [o contentamiento], una intensa disciplina, el estudio de sí mismo y la dedicación al ideal del yoga.

33 Los pensamientos poco sanos se neutralizan cultivando los sanos.

34 Se puede actuar movido por pensamientos poco sanos: como desear hacer daño a alguien, infundir esa

clase de pensamientos en los demás o aprobarlos. Los pensamientos poco sanos surgen de la codicia, la ira o la ilusión, y pueden ser ligeros, moderados o extremos, pero nunca cesan de madurar en ignorancia y sufrimiento. Por eso hay que cultivar los pensamientos sanos.

35 Asentarse con firmeza en la no violencia crea un ambiente en el que los demás pueden abandonar su hostilidad.

36 Para los que se asientan con firmeza en la veracidad, cada acción y las consecuencias que provoca están impregnadas de la verdad.

37 Los que no sienten la inclinación de robar tienen a su alcance algo realmente precioso.

38 El casto adquiere vitalidad.

39 La ausencia de deseos revela el verdadero propósito de la existencia.

40 Mediante la purificación corporal el cuerpo deja de actuar compulsivamente, y se comporta del mismo modo en su contacto con los demás.

41 La purificación también genera claridad, felicidad, concentración, dominio de los sentidos y consciencia.

42 La aceptación produce una ilimitada alegría.

43 A medida que la intensa disciplina va quemando las impurezas, el cuerpo y los sentidos se van purificando en sumo grado.

44 El estudio de sí mismo profundiza la comunión con la deidad personal de uno.

45 Al orientar la mente hacia el ideal de la pura conciencia, se alcanza la integración.

46 Las posturas meditativas deben encarnar la estabilidad y la serenidad de ánimo.
47 Este estado se da cuando todo esfuerzo se relaja y surge la fusión, revelando que el cuerpo y el universo infinito son indivisibles.
48 Entonces ya no le afectan más a uno las dualidades de los opuestos.
49 Al relajar el esfuerzo, el flujo de la inspiración y la espiración se aquieta; lo cual se denomina controlar la respiración.
50 Al observar la duración, el número y la región de actividad de los movimientos respiratorios —la inspiración, la espiración y la pausa—, la respiración se vuelve amplia y sutil.
51 A medida que la realización aparece, la distinción entre la inspiración y la espiración desaparece.
52 Entonces se aparta el velo que cubría la luminosidad de la mente.
53 Y la mente está ahora preparada para la concentración.
54 Cuando la mente se interioriza al desengancharse de los objetos exteriores, los sentidos la imitan; este acto se denomina recogimiento.
55 Los sentidos se dedican entonces por completo al servicio de la realización.

Capítulo 3. Los poderes extraordinarios

1 La concentración confina la mente a una sola área.
2 En la absorción meditativa todo el flujo perceptivo se alinea con el objeto elegido.

3 Cuando sólo brilla la naturaleza esencial del objeto, como si careciera de forma, significa que la integración ha surgido.

4 La concentración, la absorción meditativa y la integración con relación a un único objeto constituyen la perfecta disciplina de la mente.

5 Una vez se domina la perfecta disciplina de la mente, surge la sabiduría.

6 La perfecta disciplina se domina por etapas.

7 Estos tres componentes —la concentración, la absorción meditativa y la integración— se interiorizan más que los cinco anteriores.

8 Incluso estos tres componentes son más externos que la integración que no produce semillas.

9 La transformación hacia una absoluta quietud se da cuando surgen unas nuevas impresiones latentes que fomentan la cesación para evitar la activación de las impresiones dispersoras almacenadas, y entonces la mente empieza a impregnarse de momentos de quietud.

10 Estas impresiones latentes ayudan a la mente a fluir de un momento de quietud al siguiente.

11 La mente se transforma hasta alcanzar la integración a medida que las distracciones disminuyen y la concentración aparece.

12 Es decir, la mente se transforma hasta alcanzar la concentración a medida que unas percepciones van surgiendo y otras van desapareciendo de manera continua.

13 La mente evoluciona a lo largo de las mismas tres líneas —las formas, la duración del tiempo y las condiciones— como los elementos y los sentidos.

14 La sustancia es inmutable, ya sea antes, durante o después de adquirir una determinada forma.

15 Estas transformaciones parecen manifestarse tal como son porque la mente es una sucesión de distintos patrones.

16 Observar estos tres ejes del cambio —las formas, la duración del tiempo y las condiciones— con la perfecta disciplina conduce a percibir el pasado y el futuro.

17 Las palabras, el significado y la percepción tienden a mezclarse, a confundirse cada uno con los otros; concentrarse con la perfecta disciplina en las diferencias que hay entre ellos conduce a percibir el lenguaje de todos los seres.

18 Observar directamente las impresiones latentes con la perfecta diciplina conduce a percibir las existencias pasadas.

19 Concentrarse con la perfecta disciplina en las percepciones de otro conduce a percibir la mente de esa persona.

20 Pero no conduce a percibir el objeto de esas percepciones, ya que el propio objeto no está presente en la mente de esa persona.

21 Al observar con la perfecta disciplina la forma del cuerpo, éste se vuelve invisible: el ojo se desconecta de la luz que recibe y cesa el poder de percibirlo.

22 Del mismo modo, a través de la perfecta disciplina se pueden hacer desaparecer otros objetos percibidos: sonidos, olores, sabores, tactos.

23 Los efectos de una acción pueden ser inmediatos o tardar en manifestarse; observar las propias acciones

con la perfecta disciplina, o estudiar los augurios, conduce a la percepción de la muerte.

24 Al concentrarse con la perfecta disciplina en la bondad, la compasión, la alegría y la ecuanimidad, uno se impregna de esas energías.

25 Al concentrarse con la perfecta disciplina en los poderes de un elefante o de otras entidades, uno adquiere esos poderes.

26 La absorción meditativa en la manifestación de la luminosidad de la mente conduce a la percepción de lo sutil, lo oculto y lo lejano.

27 Concentrarse con la perfecta disciplina en el sol conduce a percibir cosas sobre el universo.

28 Concentrarse con la perfecta disciplina en la luna conduce a percibir las posiciones de las estrellas.

29 Concentrarse con la perfecta disciplina en la estrella polar conduce a percibir los movimientos de las estrellas.

30 Concentrarse con la perfecta disciplina en el centro energético del ombligo conduce a percibir la organización del cuerpo.

31 Al concentrarse con la perfecta disciplina en la cavidad de la garganta se elimina el hambre y la sed.

32 Al concentrarse con la perfecta disciplina en el «canal de la tortuga» se cultiva la estabilidad.

33 Al concentrarse con la perfecta disciplina en la luz de la coronilla se adquiere la perspectiva de los perfeccionados.

34 Todos estos logros también pueden alcanzarse en un ramalazo de espontánea iluminación.

35 Al concentrarse con la perfecta disciplina en el corazón se comprende la naturaleza de la mente.

36 Las experiencias se componen de percepciones en las que el aspecto luminoso del mundo fenoménico se confunde totalmente con la pura conciencia. Concentrarse con la perfecta disciplina en las distintas propiedades de cada una de ellas, conduce a percibir la naturaleza de la pura conciencia.

37 Al experimentar esta percepción, los sentidos —el oído, el tacto, la vista, el sabor, el olfato— se agudizan de pronto.

38 Aunque estos poderes sensoriales se experimenten como un logro, distraen al practicante de la integración.

39 Al no apegarse al propio cuerpo y volverse sumamente sensible a las corrientes del mismo, la mente del yogui puede entrar en otro cuerpo.

40 Al dominar el flujo energético que circula por la cabeza y el cuello, el yogui puede caminar por el agua, el barro, los espinos y otros obstáculos flotando sobre ellos sin tocarlos.

41 Al dominar el flujo de energía que circula por el plexo solar, el yogui se vuelve luminoso.

42 Al concentrarse con la perfecta disciplina en cómo el sonido viaja por el éter, el yogui adquiere la audición divina.

43 Al concentrarse con la perfecta disciplina en la relación que el cuerpo mantiene con el éter y al desarrollar la contemplación fusionada en la liviandad del algodón, el yogui puede viajar por el espacio.

44 Cuando la mente se desliga por completo de las cosas exteriores —«la gran liberación del cuerpo»—, se aparta el velo que ocultaba la luminosidad de la mente.

45 Al observar los aspectos de la materia —burdos, sutiles, intrínsecos, relacionales, intencionales— con la perfecta disciplina, se dominan los elementos.

46 Las facultades extraordinarias aparecen, entonces, como el poder de volverse tan pequeño como un átomo, a medida que el cuerpo alcanza la perfección, trascendiendo la ley física.

47 La perfección incluye la belleza, la elegancia, la fuerza y la dureza de un diamante.

48 Al observar con la perfecta disciplina los distintos aspectos de los órganos sensoriales —sus procesos perceptivos, sus naturalezas intrínsecas, su identificación con el yo, su interconexión, sus propósitos—, el yogui acaba dominándolos.

49 Los sentidos, libres de las limitaciones de sus órganos, perciben las cosas con la rapidez de la mente y dejan de hacerlo bajo el influjo del mundo fenoménico.

50 Una vez se percibe la distinción entre la pura conciencia y el aspecto luminoso del mundo fenoménico, se conocen y dominan todas las condiciones.

51 Cuando uno deja de apegarse incluso a esta omnisciencia y dominio, las semillas del sufrimiento se marchitan y la pura conciencia se reconoce alzándose sola [independiente de todo].

52 Aunque este elevado estado sea atractivo, hay que evitar el apego y el orgullo, de lo contrario, volverá a surgir el sufrimiento.

53 Concentrarse con la perfecta disciplina en la sucesión de instantes que surgen en el tiempo conduce a una percepción originada del discernimiento.

54 Esta percepción permite distinguir las cosas que, a través de sus orígenes, características o posiciones similares, parecían ser continuas.

55 De ese modo la percepción discernidora deconstruye todos los objetos y condiciones del mundo fenoménico, separándolos de la pura conciencia.

56 Una vez que la luminosidad y la transparencia de la mente se han vuelto tan perfectas como la pura conciencia, pueden reflejar la libertad de la misma y percibirla.

Capítulo 4. La libertad

1 El logro producido por la integración también puede surgir en el nacimiento, a través del uso de plantas, de las recitaciones o de la ascesis.

2 La adquisición de una nueva forma se produce cuando las fuerzas naturales rebosan.

3 La transformación en una forma u otra no procede de las causas cercanas a ella, tan sólo es orientada por ellas, al igual que un agricultor desvía un arroyo para regar sus campos.

4 La conciencia del yo es el marco que orienta la mente hacia la individualización.

5 Una sucesión de mentes, generando una inmensa gama de distintas percepciones, parecen consolidarse en una mente individual.

6 Cuando la mente permanece fija en absorción meditativa, ya no contribuye a la acumulación de impresiones latentes.

7 Las acciones de un yogui realizado trascienden el bien y el mal, en cambio las acciones de los demás pueden ser buenas o malas, o ambas cosas a la vez.

8 Cada acción se manifiesta tiñendo las impresiones latentes según su cualidad: buena, mala o ambas cosas a la vez.

9 Como las profundidades de la memoria y las impresiones latentes que almacena son inseparables, su dinámica de causa y efecto fluye ininterrumpidamente cruzando las demarcaciones del nacimiento, el espacio y el tiempo.

10 Siempre han existido, porque el deseo de existir es eterno.

11 Como la causa, el efecto, la base y el objeto de las impresiones latentes son inseparables, éstas desaparecen cuando los atributos citados desaparecen.

12 El pasado y el futuro son inmanentes a un objeto, existen como distintos sectores de la misma corriente de formas de experiencias.

13 Las características de estos sectores, ya sean manifiestas o sutiles, están determinadas por las cualidades fundamentales de la naturaleza.

14 Sus transformaciones tienden a unirse, impregnando cada nuevo objeto con una cualidad de sustancialidad.

15 La gente percibe el mismo objeto de distinta manera, la percepción de cada persona toma un camino distinto del de las otras.

16 Pero el objeto no depende de ninguna de estas percepciones; si fuera así, ¿qué ocurriría cuando nadie estuviera contemplando nada?

17 Un objeto sólo es conocido por la mente que lo ha coloreado, de lo contrario, no se conoce.

18 La pura conciencia siempre conoce los patrones de la mente, es su suprema e inmutable testigo.

19 La mente no es contemplada por su propia luz, sino por la de la pura conciencia.

20 Además, la mente y su objeto no pueden percibirse a la vez.

21 Si la mente pudiera percibirse a sí misma en lugar de ser percibida por la pura conciencia, la cadena de semejantes percepciones involucionaría infinitamente, con lo que la memoria experimentaría una implosión.

22 Sin embargo, la mente, una vez se aquieta, se parece a la pura conciencia inmutable y puede reflejar en ella el acto de ser percibida.

23 La mente puede entonces tomar tanto el color de la pura conciencia como el del mundo fenoménico, alcanzando de ese modo todos sus propósitos.

24 La mente, aunque esté teñida por los innumerables rasgos latentes, al igual que todos los fenómenos compuestos, tiene otro propósito, el de servir a la pura conciencia.

25 En cuanto el yogui distingue la mente de la pura conciencia, cesa la continua construcción del yo.

26 Ahora la mente, orientada hacia esta distinción, puede sentirse atraída por la libertad, el conocimiento

totalmente integrado según el cual la pura conciencia es independiente de la naturaleza.

27 Cualquier espacio en la conciencia discernidora hace posible que surja algún pensamiento dispersador del almacén de impresiones latentes.

28 Estas distracciones pueden subyugarse, como en el caso de las causas del sufrimiento, al seguirse hasta llegar a su origen o por medio de la absorción meditativa.

29 Aquel que considera incluso los estados más elevados desapasionadamente, discerniendo continuamente la pura conciencia del mundo fenoménico, entra en la etapa final de la integración, en la que la naturaleza se percibe como una nube de formas de experiencias irreducibles.

30 Esta realización extingue tanto la causa del sufrimiento como el ciclo de causa y efecto.

31 Una vez se han eliminado todas las capas e imperfecciones que encubrían la verdad, se manifiesta una infinita clara visión que prácticamente lo percibe todo.

32 Entonces, el yogui empieza a desarmar el perfecto fluir de la realidad, con sus transformaciones teñidas por las cualidades fundamentales, con lo que alcanza la verdadera misión de la mente.

33 Ve que ese fluir no es más que una serie de acontecimientos separados, cada uno de los cuales corresponden al espacio más pequeño de tiempo, en el que una forma se transforma en otra.

34 Cuando el yogui reconoce que las cualidades fundamentales de la naturaleza son irrelevantes para la pura

conciencia y percibe cada una de sus transformaciones en el momento de su aparición, la libertad está a su alcance; el poder de la pura percepción se alza entonces en solitario, asentado en su propia naturaleza. Eso es todo.

Apéndice B

Sobre el texto y la traducción

Durante dos milenios los *Yoga sutra* han sido una fuente esencial para todo aquel que recorriera el camino yóguico de la Iluminación, y el análisis de Patáñjali sobre la mente y la pura conciencia ha estado al alcance de Occidente desde el siglo XIX. Sin embargo, los *Yoga sutra* no se han comprendido de manera amplia ni correcta por distintas razones.

En primer lugar, sus orígenes históricos y filosóficos son poco claros. Según el consenso académico actual, se compuso en algún lugar de la India alrededor de los siglos II o III. Lo más probable es que fuera la obra de un hombre o de una mujer desconocidos que recibió el ilustre nombre de Patáñjali a título póstumo. Hay indicaciones de que algunos de los *Yoga sutra* no son un único sistema de pensamiento creado por su autor, sino la transmisión de unas enseñanzas tempranas. Al parecer es una destilación del conocimiento yóguico de la época y una síntesis de diversas e incluso contradictorias tradiciones sobre las que el autor tenía una extensa información debido a su visión personal de la realización. En esta obra se reconocen tanto el amplio campo del esfuerzo yóguico como el de lo liberador y lo mágico, aunque Patáñjali haga hincapié con firmeza en el primero. Al consultar textos yóguicos o referencias tempranas, es evidente que algunos de los conceptos que aparecen en los *Yoga sutra* podrían muy bien ser producto de muchos siglos, o más bien de milenios, de experimentación, perfeccionamiento y debates filosóficos.

En segundo lugar, es probable que Patáñjali compusiera los *Yoga sutra* para guiar a los yoguis que estaban bajo su tutela, algunos de los cuales eran seguramente personas instruidas. Estructuró la obra como un *sutra*, o «hilo», compuesto de 196 líneas condensadas mnemónicamente para que los yoguis pudieran memorizarlas y quizá recitarlas. La obra, escrita de esta forma concentrada, única en aquella época en el subcontinente indio, está llena de términos técnicos y carece relativamente de verbos, un formato especialmente adecuado para la lengua sánscrita repleta de matices. Es fácil imaginar que en el pasado debió de ser una obra tan impenetrable para los no iniciados como lo es en la actualidad y que exigía las detalladas explicaciones de un maestro. Por eso, aunque todo el mundo suela coincidir en los temas generales de la obra, el significado de sus puntos más sutiles no siempre se ve con claridad.

Y, por último, a lo largo de los siglos posteriores, varios pandits intentaron satisfacer la necesidad que había de comprender mejor el texto escribiendo unos comentarios sobre los *Yoga sutra*. Los más famosos e influyentes los escribieron unos brillantes eruditos de la antigüedad afiliados a otras escuelas de pensamiento indio. Sus interpretaciones, aunque fueran respetadas y consideradas sin duda como fidedignas, están llenas de contradicciones que han desconcertado o confundido a muchas generaciones de eruditos posteriores. Además, al haberse escrito muchos siglos después de la época de Patáñjali, sus autores ya no estaban familiarizados con el enfoque técnico budista de Patáñjali o no se sentían cómodos con él. Por eso los comentarios tempranos, que tanto influyeron sobre los que les sucedieron, revelan que sus autores apenas reconocieron la compleja forma en que los *Yoga sutra* se habían entretejido de los métodos contemplativos de la tradición brahmánica-unapisádica y de la tradición budista con una cosmovisión influida por el *samkhya.* Pero no tiene por qué seguir siendo así. En la actualidad, disponemos por suerte de una gran perspectiva histórica, desarrollada a través de los abundantes textos conservados que los pandits del siglo V o del IX probablemente desconocían.

A pesar de estas dificultades, en los últimos años se ha hecho una serie de intentos de primer orden para interpretar los *Yoga sutra,* unas aproximaciones que han sido desde literales, hasta poéticas o devocionales. Pero por más receptivos que sean estos intentos, la complejidad de los *Yoga sutra,* así como el misterio de sus raíces, hacen en cierto modo que los objetivos diametralmente opuestos de interpretarlos de una forma accesible y precisa sean por desgracia muy difíciles de alcanzar.

Sin embargo, existe una razón, quizá la más importante, por la que los *Yoga sutra* son tan difíciles de asimilar. Aparte de los abundantes términos técnicos que incluyen y de las aparentes contradicciones que contienen la mayoría de sus comentarios tanto antiguos como modernos, el mayor obstáculo es, sin duda, que la mayoría de los lectores al no haber llegado demasiado lejos en el camino de la realización, sólo pueden relacionarse con los *Yoga sutra* como una filosofía y no como una forma de vivir en el mundo. Este problema, unido al inconveniente de que Patáñjali inicia la obra con una elaborada y sumamente detallada descripción de los estados finales yóguicos, hace que la obra esté desde el principio más allá del alcance de muchos.

De lo que se deduce que la mayoría de los millones de personas que en la actualidad practican yoga en todo el mundo no están familiarizadas ni siquiera con los conceptos básicos de los *Yoga sutra*. Son muy pocas las que son conscientes de que el sistema de Patáñjali surgió muchos siglos antes del desarrollo de la mayor parte del hatha yoga y que ofrece un programa totalmente distinto que trata sobre todo del método meditativo para alcanzar la clara visión y la liberación, aunque muchos maestros modernos de hatha yoga hayan intentado integrar el programa de Patáñjali a sus enseñanzas. Y lo más probable es que la mayoría de los que se han aventurado en el camino de los *Yoga sutra* hayan tenido que dar media vuelta frustrados al encontrarse con un insalvable matorral de palabras técnicas que les confundían.

Es muy poco probable que Patáñjali concibiera los *Yoga sutra* como una obra independiente, ya sea como un tratado filosófico o como un manual de yoga dirigido al público en general. Seguramente lo escribió para ofrecer a los yoguis que se estaban formando unas concisas notas aplicables a todas las áreas del conocimiento yóguico de la época, incluidos los ámbitos por los que él se muestra menos interesado. Cada línea, llamada también en sí misma un *sutra,* servía para refrescarles la memoria, aclararles conceptualmente las percepciones meditativas o proporcionarles una guía desde ese punto de vista que conducía a la realización. En el programa de Patáñjali la importancia fundamentel del *svadhyaya,* o del estudio independiente de sí mismo, demuestra que semejantes recursos son aconsejables, e incluso indispensables, en cualquier punto del camino.

Además, es muy poco probable que Patáñjali compusiera los *Yoga sutra* solo, ya que seguramente era un yogui consumado con una profunda realización personal que estaba muy familiarizado con las numerosas corrientes del antiguo conocimiento yóguico. Sin duda era una persona ilustrada dotada para la escritura que compuso una de las obras más importantes del mundo. De lo que se deduce que Patáñjali era quizá una figura famosa e influyente en su época que atraía a una gran cantidad de estudiantes llegados de lejos. No es difícil imaginar el escenario: el gran maestro, rodeado de sus dedicados discípulos, utilizando una línea de los *Yoga sutra,* o un conjunto de ellas, para iniciar una disertación o la práctica. Es fácil ver cómo el hilo más sencillo de términos fundamentales, característico del estilo de los *sutras,* bastaba para inspirar las ideas más profundas o para aquietar las mentes de los buscadores.

También es fácil ver cómo después de la muerte de Patáñjali esta clase de formato podía dar pie a la confusión. Como los *Yoga sutra* sólo incluían unas pocas observaciones, a los traductores y comentaristas posteriores les resultaba difícil entender incluso los temas esenciales que contenían. Supongo que Patáñjali se sentiría sorprendido y decepcionado por ello, pero también es posible que los *Yoga sutra* fueran objeto de polémica incluso durante su época. Ya que después de todo, presenta una gran variedad de puntos de vista, dedicando un amplio espacio tanto al elevado logro de la sabiduría —*prajña*— como a la alquimia mundana del chamanismo yóguico, quizá para intentar atraer a los yoguis de distintas mentalidades. Y en determinados puntos parece criticar ciertos conceptos del idealismo budista que circulaban durante los siglos II y III. Y, por último, algunos han cuestionado si el nivel de realización trascendental que Patáñjali intenta describir, y que él cree que es insuperable, es en realidad el estado supremo del conocimiento humano. El hecho de que estos estados estén más allá de las palabras y los conceptos, incluso de la propia mente, hace que semejantes debates sean difíciles de arbitrar.

En cualquier caso, los *Yoga sutra* de Patáñjali se han considerado como el punto de vista yóguico definitivo, o *dársana*, y siguen siendo una fuente para la práctica fundamental de yoga desde hace cerca de dos mil años. Su vigencia e influencia sugieren que, al margen de su forma de equilibrar los dispares elementos de la antigua tradición yóguica, la visión personal de Patáñjali de la realización ocupa un lugar importante junto con la de Siddharta Gautama, el Buda, como el testimonio yóguico más convincente de todos los tiempos.

Sobre esta traducción

Una obra tan importante como los *Yoga sutra* puede traducirse a nuestra lengua de dos formas. La primera es haciéndolo de la manera más literal posible, llenando los inevitables espacios de los verbos, los modificantes o otras partes del texto que se habían eliminado siguiendo el estilo literario de los sutra. Esta forma es la que mejor transmite la excelente cualidad técnica de la obra, pero tiene el inconveniente de que dificulta la comprensión del texto. La segunda forma de abordar la traducción es expresando de una forma más fluida las líneas del texto, lo cual suele significar ampliar, o quizá sustituir, un término sánscrito lleno de matices, por varias palabras, cláusulas o incluso frases. Ambas formas son válidas y útiles: cada una transmite algo que la otra no puede ofrecer. He decidido elegir, no sin cierto recelo, la segunda intentando evitar sacrificar innecesariamente la precisión en aras de una mayor accesibilidad o viceversa. Por ejemplo:

I, 9 शब्दज्ञानानुपाती वस्तुशून्यो विकल्पः
śabda-jñānānupātī vastu-śūnyo vikalpaḥ

śabda = verbal
jñānā = conocimiento
anupātī = seguir
vastu = objeto
śūyna = vacío
vikalpaḥ = conceptualización

Primer método de traducción

La conceptualización [es] seguir el conocimiento verbal, vacío [de] objeto.

Segundo método de traducción

La conceptualización se basa en un conocimiento lingüístico, no en el contacto con las cosas reales.

Algunos términos sánscritos, como *samadhi,* considerados especialmente técnicos o difíciles, y que, sin embargo, son esenciales para el conocimiento básico de la tradición yóguica, también pueden traducirse de distintas formas. Algunos autores han preferido no traducir la palabra *samadhi* y explicar detalladamente su significado en sus comentarios. Otros, como Mircea Eliade, han recurrido a palabras nuevas como «énstasis», traduciendo la palabra sánscrita por un arcano griego, o han utilizado una palabra o una frase más conocidas, como «concentración» (Aranya), «calma contemplativa» (Miller) o «absorción en el *Atman*» (Prabhavananda). He descartado las dos primeras opciones, no sin cierto recelo, aunque cada una tenga distintas ventajas, a favor de la tercera, traduciendo *samadhi*, por ejemplo, con la palabra «integración».

Posiblemente el término más importante de los *Yoga sutra* sea *púrusa,* que se refiere a la conciencia impersonal e inmutable que subyace en todas las experiencias conscientes. Como el *púrusa* también acarrea el significado convencional de «persona», se ha solido traducir como «yo», «espíritu», «alma» o «espectador». Lo cual es lógico, ya que la mayoría de traductores han supuesto que

Patáñjali atribuía un personal y distinto *púrusa* a cada ser humano. Pero tanto si es así como si no, este tipo de traducciones hacen que el lector sienta la irresistible tentación de personificar al *púrusa*. Irónicamente, sin embargo, tanto Patáñjali como el *samkhya* utilizan esta palabra personal para nombrar el aspecto más impersonal de todos de la existencia: la pura conciencia. Lo más importante de los *Yoga sutra*, y del yoga —de hecho, según Patáñjali, de la propia vida— es captar que el *púrusa* es independiente y totalmente distinto de todo cuanto existe en la naturaleza. El *púrusa* no es sino la pura conciencia, tras él no hay ninguna esencia o entidad. Un ser y su mente carecen en realidad de conciencia; del mismo modo, la pura conciencia carece de todo aquello que está compuesto o pertenece al yo. Patáñjali afirma enérgicamente que la incapacidad de ver este hecho *(avidya)* es el principal problema de la existencia humana. Como él lo considera la percepción yóguica más importante, he decidido traducir *púrusa* por «pura conciencia» y «conciencia».

Al ser los *Yoga sutra* la culminación de siglos, y quizá de milenios, de experimentación y fermentación en distintas tradiciones de prácticas, es un error suponer que la terminología de Patáñjali es coherente con los significados de unas épocas anteriores o posteriores. La palabra *yoga*, como ya se ha visto, no significaba lo mismo para él que para sus predecesores, o que para muchas personas de hoy día. Del mismo modo, para Patáñjali *atman, asana, pranayama* e *isvara* tenían otros significados. Aunque esto no debería sorprendernos. Cuando en la actualidad observamos la tradición antigua y su literatura, tendemos a considerarla homogénea y relativamente coherente. No obstante, hay que recordar que aunque agrupemos las obras de la tradición antigua categóricamente, los textos de yoga que se han conservado son cronológica y, a menudo, lingüísticamente, muy distintos unos de otros, al igual que las obras de Shakespeare difieren de las actuales.

En los comentarios también he presentado y explicado detalladamente algunos términos sánscritos fundamentales como *samadhi* y *púrusa* que no tienen equivalentes en nuestra lengua. Al hacerlo he adoptado el procedimiento de traducir en plural un término sánscrito cuando era necesario como, por ejemplo, añadiendo una *s*, como en *yoguis*. Aunque no sea la palabra exacta sánscrita, ayuda al lector a comprender mejor su significado. Y al citar esta clase de términos, ya sea en los comentarios o en el epílogo, titulado «Los *Yoga sutra* en la actualidad», los he presentado tanto traducidos como en sánscrito y junto a ellos he incluido la referencia entre paréntesis para que el lector pudiera localizarlos en el texto original. Reconozco que este método, aunque sea útil o incluso esencial para algunos lectores, puede distraer a otros. A estos últimos les pido disculpas, espero que este molesto método les sirva como la base en la que la perla de la compasión pueda formarse.

Aunque no sienta ningún deseo de participar en debates académicos, ni tenga aptitudes para ello, he de reconocer que esta traducción de los *Yoga sutra* de Patáñjali se aleja en varios aspectos de la interpretación tradicional. La diferencia más destacada se encuentra en el formato de los comentarios, ya que he explicado grupos de *sutras* relacionados entre sí en lugar de hacerlo línea por línea. Este último método es típico de la tradición india, pero no tiende a reflejar que un *sutra* es un «hilo» trenzado de una serie de ideas interconectadas con unos ricos significados colectivos. Para poder explicar detalladamente un importante concepto o una técnica yóguica de Patáñjali, a menudo es necesario citar varias líneas, ya que probablemente estaban concebidas para ser recitadas y asimiladas en conjunto.

Este o cualquier otro alejamiento de la tradición india no han de interpretarse como un signo de desaprobación, ya sea por los comentaristas de la antigüedad como Vyasa y Vacaspati Misra o por los contemporáneos. Al escribir esta obra cada versión que decidí consultar me proporcionó una combinación única de dirección, motivación y placer, así como un respeto más profundo por el autor conocido en la actualidad como Patáñjali. Desearía expresar mi más profunda admiración y gratitud a todas aquellas personas que se han dedicado a los *Yoga sutra*.

Información adicional sobre los *Yoga sutra*

Para ofrecer una versión impresa de los *Yoga sutra* accesible y precisa, que no esté llena de material académico, he publicado el material del texto y la traducción en Internet. El lector que desee consultarlo lo encontrará en www.arlingtoncenter.org/yogasutra.html.

Desde esta página web los *Yoga sutra* se pueden leer, descargar e imprimir como un archivo PDF. El texto se ofrece en varios formatos: en sánscrito, con el alfabeto *devangari*, acompañado de una guía para su pronunciación; en sánscrito, transcrito al alfabeto latino acentuado con diacríticos; y en una traducción del sánscrito al inglés, palabra por palabra; además se incluye un glosario sánscrito-inglés compuesto de los términos sánscritos que aparecen en el texto original, y una bibliografía, en la que figuran los textos sánscritos utilizados. Esta nota sobre la página web es para facilitar el proceso de estudio y asimilación del texto, ya que el lector al visitarla encontrará los aforismos de los *Yoga sutra* en inglés tal como aparecen en el texto original, acompañados de una selección de comentarios, y además podrá compararlos con el texto sánscrito que aparece a su lado. De ese modo, podrá valorar mejor la extraordinaria riqueza del lenguaje de Patáñjali y la sutileza de sus ideas.

Aunque este libro y los comentarios relacionados con él se hayan concebido para ayudar al lector a recorrer el camino de la realización hasta el final, hay que reconocer que en la actualidad es tan difícil recorrerlo sólo con la ayuda de un libro como lo era en el pasado. Espero que esta obra esclarezca tanto el potencial como las limitaciones de los *Yoga sutra,* en realidad, los de todas las palabras que incluye, para que la sabiduría del lector se manifieste y ponga fin al sufrimiento. Sólo logrará hacerlo, sin embargo, si la obra le inspira a actuar de acuerdo con los *Yoga sutra* y a aquietar su mente.

Apéndice C

Resumen del camino yóguico (*sadhana*)

***Astanga-yoga* (II, 29 y ss.)**

1. *Yamas* (disciplinas externas): esclarecer la relación que el yogui mantiene con el mundo de los seres humanos y los objetos
   ahimsa: no dañar
   satya: veracidad
   asteya: no robar
   brahmacarya: una conducta impecable, incluyendo la sexual
   aparigraha: ausencia de deseos

2. *Níyamas* (disciplinas internas) los principios personales que gobiernan el proceso de la realización
   sauca: purificación
   santosa: aceptación
   tapas: intensa disciplina
   svadhyaya: estudio de sí mismo
   isvara-pranidhana: dedicación al ideal de la pura conciencia

3. *Asana* (postura sedente): cultivar en la meditación una profunda estabilidad física y el sin esfuerzo

4. *Pranayama* (control de la energía respiratoria): la continua observación y relajación de todos los aspectos de la respiración, perfeccionando de manera natural los procesos respiratorios y la tranquilidad del cuerpo-mente

5. *Pratyahara* (recogimiento): los sentidos se apartan de manera natural de los objetos exteriores a medida que la atención se interioriza

6. *Dharana* (concentración): confinar la atención a un único objeto/campo

7. *Dhiana* (absorción meditativa): todas las formaciones mentales relacionadas con un objeto/campo

8. *Samadhi* (integración): la continua fusión *(samapati)* del sujeto, el objeto y el acto de percibir

Factores que intgran el camino de la realización (I, 20)

sraddha: fe ➛
virya: energía ➛
smriti: atención ➛
samadhi: integración ➛
prajña: sabiduría

Polaridades de la decisión yóguica (I, 12 y ss.)
abhyasa: práctica, esfuerzo para mantenerse centrado en el proceso de aquietamiento *(nirodha)*
vairagya: no reaccion, sin esfuerzo, desapego

Elementos de la acción yóguica (*kriya-yoga,* II, 1 y ss.)
tapas: intensa disciplina
svadhyaya: estudio de sí mismo
isvara-pranidhana: dedicación al ideal de la pura conciencia

Cualidades fundamentales de la naturaleza *(gunas)*
sattva: luminoso, liviano, consciente, feliz
tamas: oscuro, pesado, inerte, indiferente
rajas: cinético, inquieto, sufrir

Patrones de la conciencia (*citta-vritti,* I, 5 y ss.)
percepción correcta
percepción errónea
conceptualización
sueño profundo
recordar

Causas de sufrimiento (*klesas,* II, 3 y ss.)
avidya: desconocimiento de la verdadera naturaleza de la *prákriti* y el *púrusa*
asmita: sentido del yo
raga: apego
dvesa: rechazo
abhinivesa: apego a la vida

Neutralización de las causas del sufrimiento (II, 10 y ss.)
  forma burda: absorción meditativa
  forma sutil: regreso al origen

Obstáculos dispersores que impiden el aquietamiento (I, 30)
  enfermedades
  apatía
  dudas
  falta de atención
  pereza
  lujuria
  ignorancia
  falta de progreso
  inconstancia

Signos de distracción (I, 31)
  inquietud
  depresión
  postura inestable o respiración irregular

Formas de desarrollar la tranquilidad (I, 32 y ss.)
  irradiar bondad, compasión, alegría y ecuanimidad
  hacer una pausa después de la espiración
  practicar el ser consciente de las percepciones
  generar pensamientos luminosos, sin sufrimiento
  concentrarse en cosas que no infundan apego
  reflexionar en percepciones del sueño y de los sueños
  permanecer absorto meditando en cualquier objeto

Etapas del proceso de aquietamiento (*nirodha,* I, 17 y ss.)

samprajñata: cognitivo, acompañado de pensamientos analíticos, percepciones interiores, gozo o sentido del yo

asamprajñata: no cognitivo

Niveles de fusión (*samapatti,* I, 41 y ss.)

savitarka: en los objetos burdos, acompañada de pensamientos

nirvitarka: en los objetos sutiles, más allá de los pensamientos

savicara: en los objetos sutiles, acompañada de percepciones

nirvicara: en los objetos sutiles, más allá de las percepciones

Efectos kármicos de la integración (*samadhi,* I, 46-51)

sabija: «produce semillas», deja impresiones latentes *(samskaras)*

nirbija: «no produce semillas», no deja impresiones latentes

Umbrales de la realización

samapatti/samadhi: fusión del objeto, el sujeto y el acto de percibir (I, 41 y ss.)

sámyama: la «perfecta disciplina» de la concentración, la absorción meditativa y la integración (III, 4 y ss.)

viveka/prañja: discernir la pura conciencia de la naturaleza (I, 47 y ss.; II, 26 y ss.; IV, 29) *dharma-meghah-samadhi:* deconstruir la experiencia hasta unas formas irreducibles (IV, 29)

kaivalya: estado libre de sufrimiento, acompañado del conocimiento totalmente integrado según el cual la pura conciencia es independiente de la naturaleza (III, 51; III, 56; IV, 26)

Glosario de términos sánscritos

Todos los términos sánscritos que aparecen en el libro se definen por orden alfabético a continuación. Para que los términos sean más accesible a los lectores que no conocen el sánscrito, se han transcrito al alfabeto latino en lugar de presentarlos en el alfabeto *devangari*. Las referencias entre paréntesis indican dónde puede encontrarse cada término sánscrito en el texto. Para pronunciar las palabras sánscritas correctamente, véase la guía de pronunciación sánscrita en las páginas 21 y 22.

En www.arlingtoncenter.org/yogasutra.html también se ha incluido un glosario completo de los términos sánscritos que aparecen en los *Yoga sutra.*

abhinivesa: instinto de conservación (II, 3; II, 9)
abhyasa: práctica, acción, método (I, 12; I, 13; I, 18; I, 32)
ahamkara: «hacedor del yo», fuente del egoísmo; la sensación de que la identificación está teniendo lugar
ahimsa: no dañar (II, 30; II, 35)
angam: miembro, componente (I, 31; III, 7; III, 8)
anupati: seguir, depender de
aparigraha: ausencia de deseos (II, 30; II, 39)

asamprajñata: sin cognición
asana: postura (II, 29; II, 46)
asaya: almacén, residuo
asmita: sentido del «yo», egoísmo (I, 17; II, 3; II, 6; IV, 4)
asteya: no robar (II, 30; II, 37)
avidya: falta de sabiduría, desconocimiento de la verdadera naturaleza de uno (II, 3; II, 4; II, 5; II, 24)
brahma-viharas: moradas divinas
brahmacarya: castidad, conducta impecable (II, 30; II, 38)
brahman: matriz universal
buddhi: percepción, inteligencia (IV, 21; IV, 22)
cakra: rueda, centro energético (III, 30)
caturtha: cuarto estado (II, 51)
citta: mente (I, 2; I, 30; I, 33; I, 37; II, 54; III, 1; III, 9; III, 11; III, 12; III, 19; III, 35; III, 39; IV, 4; IV, 5; IV, 15-18; IV, 21; IV, 23; IV, 26)
dársana: visión, punto de vista, visión sistemática, filosofía (I, 30; II, 6; II, 41; III, 33)
dharana: concentración (II, 29; II, 53; III, 1)
dharma: propiedad, forma visible, forma constituyente (III, 13; III, 14; III, 46; IV, 12; IV, 29)
dhyana: absorción meditativa (I, 39; II, 11; II, 29; III, 2; IV, 6)
duhkha: desasosiego, dolor, sufrimiento (I, 31; I, 33; II, 5; II, 8; II, 15; II, 16; II, 34)
dvesa: rechazo (II, 3; II, 8)
ekagrata: concentración puntual (II, 41; III, 11; III, 12)
guna: cualidad fundamental de la naturaleza (I, 16; II, 15; II, 19; IV, 13; IV, 32; IV, 34)

indriya: aparato sensorial (II, 18; II, 41; II, 43; II, 54; II, 55; III, 13; III, 48)

isvara: ideal divino de la pura conciencia (I, 23; I, 24; II, 1; II, 32; II, 45)

jiva: ser individual

jñana: conocimiento, percepción interior (I, 8; I, 9; I, 38; I, 42; II, 28; III, 16-19; III, 23; III, 26-29; III, 36; III, 53; III, 55; IV, 31)

kaivalya: emancipación, la pura conciencia alzándose a solas (II, 25, III, 51; III, 56; IV, 26; IV, 34)

karma: acción (I, 24; II, 12; III, 23; IV, 7; IV, 30)

klesa: causa de sufrimiento, corrupción, obstáculo, aflicción, ponzoña (I, 24; II, 2; II, 3; II, 12; II, 13; IV, 30)

kriya: acción (II, 1; II, 36; II, 18)

ksana: instante (II, 9; II, 52; IV, 33)

lingadeha: cuerpo sutil

maha-videha: gran voto

manas: mente (I, 35; II, 53)

megha: nube, lluvia torrencial (IV, 29)

moha: ilusión

nadi: canales energéticos

neti neti: «¡ni (es) esto ni aquello!»

nirbija: sin semillas (I, 51; III, 8)

nirodha: aquietamiento, cesación, supresión (I, 2; I, 12; I, 51; III, 9)

nirvicara: sin reflexión

nirvitarka: más allá del pensamiento

níyama: disciplina interior (II, 29; II, 32)

parinama: transformación (II, 15; III, 9; III, 11-13; III, 15; III, 16; IV, 2; IV, 14; IV, 32, IV, 33)

phala: fruto (II, 14; II, 34; II, 36; IV, 11)
prañja: sabiduría (I, 20; I, 48; I, 49; II, 27; III, 5)
prákriti: naturaleza, mundo fenoménico (I, 19; IV, 2; IV, 3)
prana: respiración, energía
prana-vayu: hálito vital
pranayama: control de la respiración (II, 29; II, 49)
pranidhana: entrega, dedicación (I, 23; II, 1; II, 32; II, 45)
pratyahara: recogimiento (II, 29; II, 54)
pratyaya: percepción, pensamiento, intención, representación (I, 10; I, 18; I, 19; II, 20; III, 2; III, 12; III, 17; III, 19; III, 36; IV, 27)
pravritti: manifestación de la actividad (I, 35; III, 26; IV, 5)
púrusa: pura conciencia (I, 16; I, 24; III, 36; III, 50; III, 56; IV, 18; IV, 34)
raga: atracción, deseo, pasión, apego (I, 37; II, 3; II, 7)
rajas: movimiento; una cualidad fundamental de la naturaleza o *guna*
sabija: con semillas
sadhana: el camino de la realización (título del capítulo 2)
samadhi: unidad, integración (I, 20; I, 46; I, 51; II, 2; II, 29; II, 45; III, 3; III, 11; III, 38; IV, 1; IV, 29)
samapatti: fusión, contemplación unificada (I, 41; I, 42; II, 47; III, 43)
samkhya: uno de los seis puntos de vista, o *dársanas,* del pensamiento hindú
samprañjata: cognitivo (I, 17)
samskara: impresión latente (I, 18; I, 50; II, 15; III, 9; III, 10; III, 18; IV, 9; IV, 27)
sámyama: dominio de sí, perfecta disciplina (III, 4; III, 16;

III, 17; III, 21; III, 22; III, 27; III, 36; III, 42; III, 43; III, 45; III, 48; III, 53)

samyoga: acoplamiento, unión, asociación, fusión (II, 17; II, 23; II, 25)

santosa: aceptación (II, 32; II, 42)

sattva: claridad, luminosidad: una fundamental esencia de la naturaleza o *guna* (II, 41; III, 36; III, 50; III, 56)

satya: veracidad, verdad (II, 30; II, 36)

sauca: pureza (II, 32; II, 40)

savicara: reflexión

savitarka: con pensamiento

smriti: memoria, recordación; memoria profunda; atención vigilante (I, 6; I, 11; I, 20; I, 43; IV, 9; IV, 21)

sraddha: fe

sramana: ascético

sthira: firme, estable

sukha: felicidad, serenidad

sunyo: vacío (I, 9; I, 43; III, 3; IV, 34)

sunyata: vacuidad

sutra: hilo; verso mnemotécnico condensado

svadhyaya: estudio de sí mismo (II, 1; II, 32; II, 44)

tamas: masa, inercia; una cualidad fundamental de la naturaleza o *guna.*

tanmatra: experiencia primordial sutil de los sonidos, las formas, los olores, los sabores o las sensaciones

tapas: calor, intensidad de la disciplina, austeridad (II, 1; II, 32; II, 43; IV, 1)

tattva: talidad, cualidad elemental, principio (I, 32; IV, 14)

trisna: sed, apetencia

vairagya: desapasionamiento, no reacción, desprendimiento (I, 12; I, 15; III, 51)
vastu: objeto, sustancia
védana: sensación, modos de sentir
vibhuti: poderes extraordinarios (III)
vicara: percepción, reflexión
vidhya: ver, sabiduría
vikalpa: conceptualización, ideación (I, 9)
virya: energía, vigor
visaya: objeto (de la experiencia)
viveka: discernimiento (II, 26; II, 28; III, 53; III, 55; IV, 26; IV, 29)
vritti: patrones mentales, oleadas [flujo de ideas], movimientos (I, 2; I, 4; I, 5; I, 10; I, 41; II, 11; II, 15; II, 50; III, 44; IV, 18)
yama: disciplina externa (I, 13)
yoga: unción, unión (I, 1; I, 2; II, 1; II, 28)

Bibliografía

Deustch, Eliot, *Advaita Vedanta: A Philosophical Reconstruction*, University of Hawaii Press, Honolulu, 1969.

Eliade, Mircea, *Patañjali and Yoga*, Schocken, Nueva York, 1975.

—, *El yoga. Inmortalidad y libertad*, Fondo de Cultura Económica, Argentina, 1991.

Feuerstein, Georg, *Yoga: introducción a los principios y a la práctica de una antiquísima tradición*, Oniro, Barcelona, 1998.

Iyengar, B. K. S., *La luz del yoga*, Kairós, Barcelona, 1995.

MacDonnell, Arthur, *A Practical Sanskrit Dictionary*, Oxford University Press, Oxford, 1924/1991.

Radhakrishnan, Sarvepalli, *Indian Philosophy*, vol. 2, Oxford India Press, Delhi, 1923/1997.

Radhakrishnan, Sarvepalli y Charles A. Moore, *Sourcebook in Indian Philosophy*, Princeton University Press, Princeton, Nueva Jersey, 1973.

Rahula, Walpola, *Lo que el Buda enseñó*, RBA, Barcelona, 2002.

Tandon, S. N., *A Re-appraisal of Patañjali's Yoga-Sutras in the Light of the Buddha's Teaching*, Vipassana Research Institute, Igatpuri, India, 1995.

Whicher, Ian, *The Integrity of the Yoga Darsana,* SUNY Press, Albany, Nueva York, 1998.

Traducciones

YB incluye el *Yoga-bhasya,* un comentario del siglo V de Vyasa sobre los *Yoga sutra* de Vyasa.
TV incluye el *Tattva-Vaisaradi,* una glosa del siglo IX sobre los *Yoga sutra* y el *Yoga-bhasya* de Vacaspati Misra.

Aranya, Swami Hariharananda, *Yoga Philosophy of Patañjali,* SUNY Press, Albany, Nueva York, 1983, *YB.*
Arya, Pandit Usharbudh, *Yoga-Sutras of Patañjali,* vol. I, Himalayan Institute, Honesdale, Pennsylvania, 1986, *YB.*
Bouanchaud, Bernard, *The Essence of Yoga: Reflections on the Yoga Sutras of Patañjali,* Rudra Press, Portland, Oregon, 1997.
Desikachar, T. K. V., *The Heart of Yoga,* Inner Traditions, Rochester, Vermont, 1995.
Desikachar, *Yoga-sutra de Patanjali,* Edicions Argentonines, Argentona, 1992.
Feuerstein, Georg, *The Yoga-Sutra of Patañjali,* Inner Traditions, Rochester, Vermont, 1989.
Houston, Vyaas, *The Yoga Sutra Workbook,* American Sanskrit Institute, Warwick, Nueva York, 1995.
Iyengar, B. K. S., *Luz sobre los yoga sutras de Patañjalí,* Kairós, Barcelona.
Miller, Barbara Stoler, *Yoga: Discipline of Freedom,* Bantam, Nueva York, 1996.

Prabhavananda, Swami y Christopher Isherwood, *How to Know God: The Yoga Aphorisms of Patanjali*, New American Library, Nueva York, 1953.

Prasada, Rama, *Patañjali's Yoga Sutras*, Munshiram Manoharlal, Nueva Delhi, 1988, *YB, TV.*

Satchidananda, Swami, *The Yoga Sutras of Patanjali*, Integral Yoga, Yogaville, Virginia, 1978/1990.

Shearer, Alistair, *Effortless Being: The Yoga Sutras of Patañjali*, Unwin, Londres, 1982.

Shyam, Swami, *Patañjali Yoga Darshan*, Be All Publications, Canada, 1980.

Stiles, Mukunda, *Yoga Sutras of Patanjali*, International Academy of Ayurveda, Pune, India, 1998.

Taimni, I. K., *The Science of Yoga*, Theosophical Publishing House, Madras, 1961.

Vivekananda, Swami, *Raja-Yoga*, Ramakrishna-Vivekananda Center, Nueva York, 1956.

Material sánscrito en Internet

Diccionario Capeller sánscrito-inglés:
http://www.uni-koeln.de/phil-fak/indologie/tamil/
cap_search.html

Diccionario Monier-Williams sánscrito-inglés:
http//www.uni-koeln.de/phil-fak/indologie/tamil/
mwd_search.html

Directorio de material sánscrito:
http://www.classicyoga.org/directory/
sanskrit-directory.html

Agradecimientos

Esta obra no habría sido posible sin la ayuda y el aliento de innumerables personas. Desearía sobre todo agradecer a mi familia, en especial a mis hijos Olivia y Toby, el apoyo que me han brindado. También estaré siempre en deuda con muchos profesores, amigos y colegas que me echaron una mano en algún punto determinado del largo y sinuoso camino recorrido: Carol Nelson, Betty J. Ruth, Bonnie Katz, Sol Levine, que ha fallecido, y Bob Ebert, Tim Murphy, Marty Kozloff, Jon Kabat-Zinn, Mark Bryan, Roger Paine, Bronwen Murphy, Stephen Cope, Andy Olendzki, Mu Soeng, Barbara Benagh, Eric Read, Punito, Mukunda Stiles, Darren Main y Patricia Walden. Desearía también dar las gracias a Richard Miller, sus amplios comentarios siempre acababan de algún modo haciéndome reflexionar y llegar a una buena conclusión.

Quisiera también expresar mi agradecimiento a la editorial Shambhala y, en especial, a Dave O'Neal, mi editor. A lo largo de muchos años he podido apreciar su integridad y su apoyo al Dharma y ahora he tenido la suerte de que creyera en este libro y me ofreciera sus expertos consejos.

Y, por último, no tengo palabras para manifestar mi gratitud hacia aquellos maestros de yoga y del Dharma que me ofrecieron unas prácticas directrices y una comprensión de los *Yoga sutra* que han sido fundamentales para mí: Nöelle Perez-Christiaens, T. K. V. Desikachar, Larry Rosenberg, Jack Kornfield, Joseph Goldstein, Michele McDonald-Smith, Steven Smith, Jean Klein y Vimala Thakar. También desearía dar en especial las gracias a Georg Feuerstein, un especialista en yoga que ha sido una gran ayuda para mí y para muchas otras personas a lo largo de los años; a Vyaas Houston, cuyos cursos de sánscrito y penetrante traducción han sido una enorme fuente de inspiración; y a la difunta Barbara Stoler Miller, su lúcida explicación sobre los *Yoga sutra* llegó en mi vida en el momento justo y se convirtió en la causa más cercana que me impulsó a aventurarme en esta empresa.

Acerca del autor

La obra de Chip Hartranft tiende un puente entre las tradiciones de yoga y la meditación budista. Es fundador y director del Centro Arlington, dedicado a la integración del yoga y la práctica del Dharma; desde 1978 ha estado enseñando una fusión del movimiento y la quietud a los estudiantes de la zona de Boston. Chip Hartranft, un estudiante de yoga, sobre todo de las tradiciones Krishnamacharya, ha practicado además meditación *vipássana* durante muchos años. Dirige anualmente retiros en Estados Unidos y en otros países, fusionando los movimientos del yoga, la respiración y la atención.

Para contactar con Chip Hartranft y el Centro Arlington, puede dirigirse a www.arlingtoncenter.org.